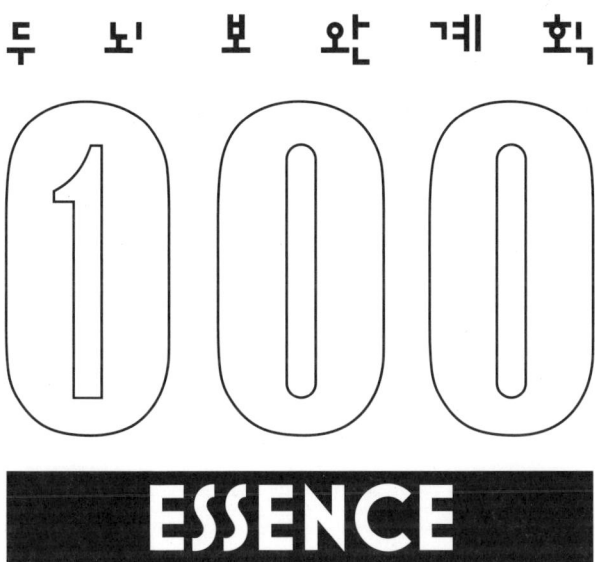

두 뇌 보 완 계 획

ESSENCE

1판 1쇄	2021년 11월 11일		
1판 2쇄	2024년 1월 8일		
지은이	김명석	주 소	서울시 종로구 필운대로 5나길 25, 2층
펴낸이	김로이	전 화	02-766-7647
편집 기획	클라라 유영훈	팩 스	0504-439-2507
디자인	김동건 김동해	이 메일	martin@hagajae.com
펴낸곳	학아재	홈페이지	www.ithink.kr
I S B N	979-11-963895-3-6		
가 격	12,000원		

차례

001. 표현과 세계
002. 참값
003. 참이다
004. 거짓이다
005. 이고
006. 따라 나온다
007. 마땅한 추론
008. 기본 추론 규칙
009. 거짓이다 없애기
010. 이고 넣기
011. 이고 없애기
012. 차근차근 이끌기
013. 왜냐하면
014. 이거나 넣기
015. 이거나 없애기
016. 이면 없애기
017. 뜻이 같다
018. 이중부정
019. 모순문장
020. 거짓이다 넣기 하루
021. 거짓이다 넣기 이틀
022. 이면 넣기 하루
023. 이면 넣기 이틀
024. 뒤로 이면 없애기
025. 이면 잇기

026. 이러나저러나
027. "이거나"의 뜻
028. 이고 나눔
029. 이거나 나눔
030. 모아 거짓이다
031. 서로 따라 나온다
032. 이면 앞뒤 바꿈
033. "이면"의 뜻 하루
034. "이면"의 뜻 이틀
035. 일 때 오직 그때만
036. 반드시와 어쩌다
037. 그냥 이면
038. 반드시 이면
039. 달리 쓰기
040. 이렇거나 저렇다면
041. 문장 논리
042. 명제
043. 이지만과 이면서
044. 아니면
045. 이어야
046. 이기 위해와 일지라도
047. 충분조건과 필요조건 하루
048. 충분조건과 필요조건 이틀
049. 반사실 조건문
050. 모순 관계

051. 일관 관계
052. 비일관 관계
053. 못마땅하다
054. 형식오류
055. 참임과 마땅함
056. 튼튼하다
057. 홑문장과 두루문장
058. 모든몇몇문장
059. 모든 넣기와 모든 없애기
060. "모든"의 뜻
061. 몇몇 넣기와 몇몇 없애기
062. "몇몇"의 뜻
063. 벤 그림
064. 모든 몇몇 달리 쓰기
065. 공허한 세계
066. 벤 그림 추론 하루
067. 벤 그림 추론 이틀
068. 양화 논리 하루
069. 양화 논리 이틀
070. 논리 퍼즐
071. 참말 놀이
072. 거짓말 놀이
073. 줄 세우기와 짝짓기
074. 갈래 모눈
075. 갈래짓기

076. 아마도 추론
077. 일반화와 통계 삼단논법
078. 유비추론
079. 일치법과 차이법
080. 공변법
081. 가설연역법
082. 보조 가설
083. 입증의 역설
084. 설명
085. 가설추론
086. 추론 그림
087. 논증 그림
088. 논증의 분석
089. 논증의 평가
090. 강화와 약화
091. 결론 빌리기
092. 무관한 논거
093. 불충분한 논거
094. 미덥지 못한 가정
095. 믿음직함
096. 베이즈 공리
097. 거짓 양성
098. 인과
099. 행위이론
100. 사회이론

001 표현과 세계

우리는 표현한다. 당연히 표현인 것과 아닌 것은 다르다. 표현을 표현이게 하는 '가름'이나 '갈피' 같은 것이 있을 텐데 그것은 '참'과 '거짓'이다. '참'과 '거짓'은 표현과 표현 아닌 것을 가린다. 표현하는 이 곧 믿고 생각하고 말하는 이는 '참'과 '거짓'의 뜻을 안다. 다만 누구는 또렷이 누구는 어렴풋이 안다. '참'과 '거짓'은 '첫말'이며 '으뜸 개념'이기에 '참'과 '거짓'을 다른 낱말들로 바꿀 수 없고 풀어 쓸 수도 없다. 다만 우리는 '참'과 '거짓' 및 다른 낱말들 사이의 관계를 어렴풋이나마 그릴 수 있을 뿐이다.

"는 참이다"나 "는 거짓이다"를 붙일 수 있는 표현 꾸러미를 "문장" 또는 더 좁게 "평서문"이라 한다. 한 문장이 참인지 거짓인지는 세계에 달려 있다. 문장 "나는 말한다"를 문장 A로 쓰겠다. 문장 A가 주어지면 세계에 따라 문장 A는 참 또는 거짓으로 정해진다. 우리는 여러 다른 세계를 생각할 수 있다. 그 세계들 가운데 참말로 있는 세계가 있고 다만 생각 속에만 있는 세계도 있다. 참말로 있는 세계 곧 '실현된 세계'는 하나일 수 있고 여럿일 수 있다. 실현된 세계가 하나인지 여럿인지 모르지만 우리는 실현된 세계들 가운데 하나에 산다. 우리가 사는 이 세계 곧 '우리 세계'는 실현된 세계들 가운데 하나다. 실현된 세계든 한낱 생각 속에만 있는 세계든 이들 세계는 모두 '생각할 수 있는 세계' '있을 수 있는 세계' '가능 세계'다. 가능 세계들이 모두 실현되었을 수 있고 오직 한 세계만이 실현되었을 수도 있다. 우리 세계는 가능 세계들 가운데 하나며 실현된 가능 세계다.

가능 세계들은 크게 문장 A가 참인 세계들과 문장 A가 거짓인 세계들로 나눌 수 있다. 이 세계들 무리를 각각 W_1과 W_2로 쓰겠다.

세계	A
W_1	참
W_2	거짓

우리 세계가 W_1 가운데 하나면 문장 A는 우리 세계에서 참이다. 이야기하기 쉽도록 세계들의 두 모임 W_1과 W_2를 각각 마치 한 세계인 양 여기겠다.

002 참값

문장 A "나는 말한다"는 우리 세계에서 틀림없는 참말이다.

세계	A
W_1	참
W_2	거짓

문장 A는 우리 세계에서 참이다. 우리 세계는 W_2가 아니라 W_1이다. 세계 W_1에서 문장 A는 우리에게 또렷한 뜻을 갖는다. "뜻을 갖는다"를 다른 말로 "뜻을 나타낸 다"나 "뜻을 표현한다"고 한다. 문장의 뜻을 "명제"라 하는데 이 점에서 문장 A는 명제를 표현한다. 문장 A가 또렷이 참이고 또렷한 뜻을 갖는다면 문장 A를 그냥 편하게 "명제 A"라고 달리 불러도 좋다.

우리는 한 가능 세계에서는 문장 A에 '참'을 매기고 다른 가능 세계에서는 문장 A에 '거짓'을 매긴다. 여기서 '참'과 '거짓'을 문장의 "참값" 또는 "진릿값"이라 한다. 한 문장은 가능 세계에 따라 참값을 갖는다. 문장이 가질 수 있는 참값이 둘이 기에 우리는 가능 세계들의 두 가지 모임을 떠올릴 수 있었다. 우리의 이러한 생각 방식을 하나의 공리로 여기겠다. 여기서 '공리'는 증명 없이 받아들이는 거의 확실히 참인 명제다.

공리 01: 뜻을 가진 문장의 참값은 '참'과 '거짓' 가운데 하나다.

이것은 우리 말과 생각이 따라야 하는 말길 곧 논리의 첫째 공리다.

우리에게 명제 A가 또렷이 참이지만 우리는 때때로 "명제 A는 거짓일 수 있다"고 말하곤 한다. 여기서 "일 수"는 짐작이나 추측을 뜻하지 않는다. 명제 A가 거짓인 가능 세계가 있다거나 다른 가능 세계에서는 명제 A가 거짓이라는 말이다. "우리 세계에서 A는 참이지만 다른 가능 세계에서 A는 거짓이다"를 짧게 "A는 거짓일 수 있다"로 달리 말한 것에 지나지 않는다. 문장 A가 참인 가능 세계와 거짓인 가능 세계를 우리가 생각하자마자 우리는 문장 A가 명제라고 곧 또렷한 뜻을 갖는다고 여긴 셈이다.

003 참이다

우리는 한 문장에 "는 참이다"를 붙임으로써 그 문장을 바꾸어 새로운 문장을 얻는다. 문장 "나는 말한다"에 "는 참이다"를 붙여 "'나는 말한다'는 참이다"를 얻는다. "나는 말한다"와 "'나는 말한다'는 참이다"는 다른 문장이다. 하지만 "는 참이다"는 기존 문장의 참값을 바꾸지 않는다. 문장 "A는 참이다"의 참값모눈을 그려 보면 이를 알 수 있다. 문장 A의 '참값모눈' 또는 '진리표'는 생각할 수 있는 세계들에서 문장 A의 참값을 매긴 모눈이다.

세계	A	A는 참이다.
W_1	참	참
W_2	거짓	거짓

문장 A가 참인 가능 세계 W_1에서 문장 "A는 참이다"도 참이다. 문장 A가 거짓인 가능 세계 W_2에서 문장 "A는 참이다"도 거짓이다. 이는 우리 세계가 W_1이냐 W_2냐에 따라 달라지지 않는다. 나아가 지금 이야기는 우리가 따지는 문장이 A냐 B냐에 따라 달라지지 않는다.

　우리는 아무 문장 X을 두고 "X는 참이다"의 참값모눈을 비슷하게 그릴 수 있다. 이 그림을 증명할 길이 없으니 우리는 이 그림을 공리로 받아들인다. 이 그림을 "참이다의 참값모눈" 또는 "참이다의 진리표"라 한다.

공리 02. 참이다의 참값모눈

세계	X	X는 참이다.
W_1	참	참
W_2	거짓	거짓

문장 A가 참인 가능 세계 W_1과 아무 문장 X가 참인 가능 세계 W_1은 같은 세계가 아닐 수 있다. 세계 W_1과 세계 W_2는 모눈마다 늘어놓는 가능 세계들에 아무렇게나 번호를 매긴 것에 지나지 않는다. '참이다의 참값모눈'에 따르면 "는 참이다"는 문장 X의 참값을 바꾸지 않는다. 나중에 우리는 이를 두고 "'는 참이다'는 문장 X의 뜻을 바꾸지 않는다"고 말하게 될 것이다.

004 거짓이다

우리는 한 문장에 "는 거짓이다"를 붙임으로써 기존 문장을 바꾸어 새로운 문장을 얻는다. 하지만 "는 거짓이다"는 기존 문장의 참값을 바꾼다.

세계	A	A는 거짓이다.
W_1	참	거짓
W_2	거짓	참

문장 A가 참인 가능 세계 W_1에서 문장 "A는 거짓이다"는 거짓이다. 문장 A가 거짓인 가능 세계 W_2에서 문장 "A는 거짓이다"는 참이다. 이는 우리 세계가 W_1이냐 W_2냐에 따라 달라지지 않는다. 이는 우리가 따질 문장이 A냐 B냐에 따라 달라지지 않는다.

뜻을 가진 아무 문장 X을 두고 "X는 거짓이다"의 참값모눈을 비슷하게 그릴 수 있다. 이 그림도 증명할 길이 없으니 이를 공리로 받아들인다. 이 그림을 "거짓이다의 참값모눈" 또는 "부정의 진리표"라 한다.

공리 03. 거짓이다의 참값모눈

세계	X	X는 거짓이다.
W_1	참	거짓
W_2	거짓	참

여기서 "X는 거짓이다"를 "X의 부정문"이라 한다. 참이다와 거짓이다의 참값모눈들은 개념들 '참'과 '거짓'과 '세계' 사이의 관계를 어렴풋이 그려준다.

우리는 "콩쥐는 착하다"를 믿을 때 "콩쥐는 있고 그는 착하다"를 믿는다. 마찬가지로 우리는 "콩쥐는 안 착하다"를 믿을 때 "콩쥐는 있고 그는 안 착하다"를 믿는다. 한편 우리가 "'콩쥐는 착하다'는 거짓이다"를 믿을 때 "'콩쥐는 있고 그는 착하다'는 거짓이다"를 믿는다. 나중에 드러나겠지만 "콩쥐는 안 착하다"와 "'콩쥐는 착하다'는 거짓이다"는 뜻이 다르다. 이는 "안" "아니" "않" "아니다"가 "거짓이다"와 뜻이 다름을 뜻한다. 하지만 이야기를 쉽게 하려고 이것들을 "거짓이다"와 비슷한 뜻으로 많이들 쓴다.

005 이고

논리 곧 말길은 생각과 말과 글이 따라야 할 길이다. 뜻에 맞게 말하는 이들은 이미 어느 정도 말길을 안다. 우리는 말길에 따라 문장을 바꾸고 문장들을 더해 새 문장을 만든다. 한 문장을 다른 한 문장으로 바꾸거나 여러 문장을 이어 다른 한 문장으로 바꾸는 낱말을 "문장 바꾸개" 또는 "문장 연산자"라 한다. 자주 쓰는 문장 바꾸개에는 다음과 같은 것들이 있다.

한 자리 문장 바꾸개	는 참이다
	는 거짓이다
두 자리 문장 바꾸개 문장 이음씨	이고
	이거나
	이면

여러 자리 문장 바꾸개를 다른 낱말로 "문장 연결사" "문장 이음씨"라 한다.

문장 이음씨 "이고"는 문장들을 이어 새로운 문장을 만든다. 아무 두 문장 X와 Y의 참값을 생각하며 "X이고 Y"의 참값이 어떻게 될지를 생각하려 한다. 우리는 문장 X와 Y의 참값에 따라 가능 세계들을 네 가지로 나눌 수 있다. 이들 세계에서 "X이고 Y"의 참값은 다음처럼 될 것 같다. 이 그림을 "이고의 참값모눈" 또는 "연언의 진리표"라 한다. 이 그림은 "이고"의 뜻을 잘 보여주기에 우리는 이 그림을 "이고의 정의"로 받아들인다.

정의 01. 이고의 참값모눈

세계	X	Y	X이고 Y
W_1	참	참	참
W_2	참	거짓	거짓
W_3	거짓	참	거짓
W_4	거짓	거짓	거짓

몇몇 사람은 "이고"를 정의 01에 따라 쓰지 않는다. 정의 01을 따르지 않는 "이고"는 다만 정의 01의 "이고"와 다른 "이고"일 뿐이다.

006 따라 나온다

문장 "X이고 Y"를 ㄱ으로 두고, 문장 X를 ㄴ으로 둔 뒤, ㄱ의 참값모눈과 ㄴ의 참값모눈을 그려 보겠다. ㄱ의 참값모눈을 만들 때 정의 01 곧 "이고"의 정의를 썼다. ㄴ의 참값모눈은 문장 X의 참값을 그대로 써서 만들었다.

세계	X	Y	ㄱ X이고 Y	ㄴ X
W_1	참	참	참	참
W_2	참	거짓	거짓	참
W_3	거짓	참	거짓	거짓
W_4	거짓	거짓	거짓	거짓

우리가 생각할 수 있는 세계는 모두 네 가지다. 이 네 가지에서 'ㄱ이 참이고 ㄴ이 거짓인' 세계를 찾아보려 한다. 하지만 그런 세계는 없다.

참값모눈을 써서 "반드시 따라 나온다"를 정의할 수 있다. 그냥 짧게 "따라 나온다"고만 쓰면 이는 "반드시 따라 나온다"를 뜻한다.

정의 02: "문장 P로부터 문장 Q가 따라 나온다"는 곧 "생각할 수 있는 세계들 가운데 문장 P가 참이고 문장 Q가 거짓인 세계는 없다"를 뜻한다.

이 정의에 따르면 문장 ㄱ으로부터 문장 ㄴ이 따라 나온다. 다시 말해 문장 "X이고 Y"로부터 문장 X가 따라 나온다. 마찬가지로 문장 "X이고 Y"로부터 문장 Y가 따라 나온다.

여러 문장으로부터 한 문장이 따라 나올 수도 있다. 두 문장의 경우 "따라 나온다"의 정의는 다음과 같다. 둘보다 많은 경우도 이와 비슷하다.

"문장들 P와 Q로부터 문장 R이 따라 나온다"는 곧 "생각할 수 있는 세계들 가운데 문장들 P와 Q가 둘 다 참이고 문장 R이 거짓인 세계는 없다"를 뜻한다.

007 마땅한 추론

문장들로부터 다른 문장이 따라 나온다고 주장하는 일을 "추론"이라 한다. 추론은 크게 두 가지로 나뉜다. 하나는 '반드시 추론'이고 다른 하나는 '아마도 추론'이다. 아마도 추론은 나중에 정의하기로 하고 반드시 추론은 다음과 같이 정의한다. 반드시 추론을 다른 말로 "연역 추론"이라 한다.

> 정의 03: '반드시 추론'은 문장들로부터 다른 한 문장이 반드시 따라 나온다고 주장하는 일이다. 앞의 '문장들'을 "전제"라 하고 뒤의 '다른 한 문장'을 "결론"이라 한다.

이 정의에서 "주장하는"을 넣어야 할지 말지 학자들 사이에 논쟁이 있다. 몇몇 학자는 반드시 추론을 '추론의 전제들로부터 추론의 결론이 반드시 따라 나오는 추론'으로 정의한다.

우리는 따로 "마땅한 추론"의 다음 정의를 받아들인다.

> 정의 04: '마땅한 추론'은 추론의 전제들로부터 추론의 결론이 반드시 따라 나오는 추론이다.

마땅한 추론을 흔히 "타당한 추론"이라 한다. 마땅하지 않은 추론 곧 못마땅한 추론을 흔히 "부당한 추론"이라 한다. 논리학은 주어진 반드시 추론이 마땅한 추론인지 못마땅한 추론인지 가리는 개념 체계를 마련해야 한다.

우리는 이미 "X이고 Y"로부터 문장 X가 반드시 따라 나온다는 것을 참값 모눈을 그려 밝혀 보였다. 따라서 다음 추론은 마땅하다.

> X이고 Y
> 따라서 X

여기서 "X이고 Y"는 추론의 전제다. "따라서" 뒤에 나오는 X는 추론의 결론이다. "따라서"는 바로 뒤 문장이 결론임을 알려주는 '결론 표시어'다. "따라서"는 이 문장의 모임이 추론임을 알려주는 '추론 표시어'이기도 하다.

008 기본 추론 규칙

'타당성' 곧 '마땅함'의 정의에 따르면 다음 꼴을 지닌 추론은 마땅하다.

    X이고 Y
    따라서 X

하지만 우리는 X와 Y 자리에 뜻을 가진 아무 문장 표현을 넣어도 이 추론이 마땅하다는 점을 밝혀 보일 길이 없다. 왜냐하면 아직 우리에게 밝혀 보이는 길 곧 증명의 방법이 주어지지 않았기 때문이다. 오히려 앞의 꼴을 따르는 모든 추론이 마땅하다는 것을 하나의 규칙으로 여겨야 한다. "밝혀 보임" 또는 "증명"이란 곧 이 규칙에 따라 공리와 정의로부터 우리가 바라는 결론을 따라 나오게 하는 일이다.

    마땅한 추론의 본이 되는 추론의 꼴을 "추론 규칙"이라 한다. 추론 규칙들 가운데는 다른 추론 규칙을 써서 그것이 마땅함을 밝혀 보일 수 없는 추론 규칙이 있다. 그러한 추론 규칙을 "으뜸 추론 규칙" 또는 "기본 추론 규칙"이라 한다. 우리는 위에 나온 저 추론의 꼴을 기본 추론 규칙으로 여길 수 있다. 다시 말해 우리는 저 추론의 꼴을 본뜬 추론이 모두 마땅하다는 것을 하나의 공리로 받아들인다. 한편 기본 추론 규칙들을 써서 그것이 마땅함을 밝혀 보일 수 있는 추론 규칙을 "딸림 추론 규칙" 또는 "파생 추론 규칙"이라 한다. 기본 추론 규칙에는 다음과 같은 것이 있다. 이 기본 추론 규칙들을 "규칙 I"라 부르겠다.

문장 바꾸개	넣기	없애기
이고	I01. 이고 넣기	I02. 이고 없애기
이거나	I03. 이거나 넣기	I04. 이거나 없애기
이면	I05. 이면 넣기	I06. 이면 없애기
거짓이다	I07. 거짓이다 넣기	I08. 거짓이다 없애기

기본 추론 규칙의 수를 더 줄일 수 있지만 네 가지 문장 바꾸개에 짝을 맞추어 보기 좋게 8개가 한 벌이 되게 했다.

009 거짓이다 없애기

우리는 거짓이다의 참값모눈 곧 공리 03을 써서 생각할 수 있는 모든 세계에서 "'X는 거짓이다'는 거짓이다"의 참값이 X의 참값과 같음을 알 수 있다. 이것은 문장 "'X는 거짓이다'는 거짓이다"가 참이고 문장 X가 거짓일 수 없음을 뜻한다. 다른 공리와 정의에 비추어 이는 밝고 또렷이 참이기에 이를 "정리"라 불러야 할 것 같다. 여기서 "정리"는 정의와 공리 및 규칙을 써서 따라 나온 결론을 말한다. 하지만 아직은 무슨 추론 규칙을 써서 이 정리를 얻었는지 또렷이 말하기 어렵다. 따라서 정리를 말하기 전에 추론 규칙들을 먼저 넣어놓는 것이 좋겠다.

가장 쉬운 기본 추론 규칙은 다음과 같은 추론 규칙이다.

1. 'X는 거짓이다'는 거짓이다.
  따라서 X

여기서 X는 뜻을 지닌 문장 표현 또는 문장이다. 이 추론의 꼴은 마땅한 추론의 본이다. 이 추론의 꼴을 "거짓이다 없애기" 또는 "이중부정 논법"이라 한다. 우리는 거짓이다 없애기를 쓴 추론이 언제나 마땅하다는 것을 참값모눈을 그려 밝혀 보일 수 있다.

세계	X	전제	결론
		X는 거짓이다는 거짓이다.	X
W_1	참	참	참
W_2	거짓	거짓	거짓

전제가 참인 세계는 W_1밖에 없다. 이 세계에서 결론도 참이다. 전제가 참이고 결론이 거짓인 세계는 없다. 곧 전제로부터 결론이 반드시 따라 나온다.

규칙 I08 곧 거짓이다 없애기를 본뜬 모든 추론이 언제나 마땅하다는 것은 매우 또렷하고 밝게 참이다. 하지만 우리는 이를 추론 규칙에 따라 증명한 것이 아니다. 이 때문에 당분간 우리는 거짓이다 없애기를 본뜬 모든 추론이 언제나 마땅하다는 것을 하나의 공리로 받아들인다.

010 이고 넣기

다음과 같은 추론의 꼴을 생각해 보겠다. 추론의 전제는 두 개다.

    1. X
    2. Y
    따라서 X이고 Y

여기서 X와 Y는 뜻을 지닌 문장 또는 문장 표현이다. 전제를 쓰는 차례는 중요하지 않기에 전제 1에 Y를 쓰고 전제 2에 X를 써도 좋다. 결론에서 "이고"와 비슷한 일을 하는 낱말로는 "이며" "일 뿐만 아니라" "인데" 따위가 있다. 나아가 "이고" 자리에 "이지만"을 넣어도 될 것 같다. 이 추론 꼴에서는 전제에 없었던 "이고"를 결론에 새로 넣었다. 이같이 결론에 "이고"를 새로 넣는 추론 규칙을 "이고 넣기" 또는 "연언논법"이라 한다. 이고 넣기는 두 전제를 "이고"로 이어 만든 문장을 결론으로 삼는 추론 규칙이다. '이고 넣기'는 마땅한 추론의 본이며 기본 추론 규칙 가운데 하나다.

우리는 '이고 넣기'를 쓴 추론이 마땅하다는 것을 참값모눈을 그려 밝고 또렷하게 보일 수 있다.

세계	X	Y	전제		결론
			X	Y	X이고 Y
W_1	참	참	참	참	참
W_2	참	거짓	참	거짓	거짓
W_3	거짓	참	거짓	참	거짓
W_4	거짓	거짓	거짓	거짓	거짓

두 전제가 모두 참인 세계는 W_1밖에 없는데 이 세계에서 결론도 참이다. 전제들이 모두 참이고 결론이 거짓인 세계는 없다. 이것은 이 추론이 마땅하다는 것을 뜻한다. 규칙 I01 곧 이고 넣기를 본뜬 모든 추론이 언제나 마땅하다는 것은 매우 또렷하고 밝게 참이다. 하지만 우리는 이를 추론 규칙에 따라 증명한 것이 아니기에 이 참말을 그냥 공리로 받아들인다.

011 이고 없애기

"X이고 Y" 꼴의 문장을 "이고문장" 또는 "연언문"이라 한다. 이고문장에서 "이고" 앞에 있는 표현을 "이고 앞말"이라 하고 "이고" 뒤에 있는 표현을 "이고 뒷말"이라 한다. 이제 다음과 같은 추론의 꼴을 생각하려 한다. 이 추론에서는 전제에 있던 "이고"를 결론에서 없앴다.

    1. X이고 Y
    따라서 X

여기서 X와 Y는 뜻을 지닌 문장 또는 문장 표현이다. 결론 자리에 X 대신에 Y를 써도 좋다. 이같이 전제의 '이고문장'을 쪼개 이고 앞말 또는 이고 뒷말을 결론으로 삼는 추론 규칙을 "이고 없애기" 또는 "단순화논법"이라 한다. '이고 없애기'는 마땅한 추론의 본이며 기본 추론 규칙이다.

    우리는 '이고 없애기'를 쓴 추론이 마땅하다는 것을 참값모눈을 그려 밝고 또렷하게 보일 수 있다.

세계	X	Y	전제	결론
			X이고 Y	X
W_1	참	참	참	참
W_2	참	거짓	거짓	참
W_3	거짓	참	거짓	거짓
W_4	거짓	거짓	거짓	거짓

전제가 참인 세계는 W_1밖에 없는데 이 세계에서 결론도 참이다. 전제가 참이고 결론이 거짓인 세계는 없다. 이것은 이 추론이 마땅하다는 것을 뜻한다. 규칙 I02 곧 이고 없애기를 본뜬 모든 추론이 언제나 마땅하다는 것은 매우 또렷하고 밝게 참이다. 하지만 우리는 이를 추론 규칙에 따라 증명한 것이 아니기에 이 참말을 그냥 공리로 받아들인다. 정의 01에 따라 정의된 "이고"는 '이고 넣기'와 '이고 없애기'를 쓸 수 있는 "이고"다. 철학, 과학, 학문에서 쓰는 "이고"는 이와 같은 규칙을 쓸 수 있다.

012 차근차근 이끌기

우리는 기본 추론 규칙 1를 써서 주어진 추론이 마땅하다는 것을 보일 수 있다. 보기로 두 개의 전제로 이뤄진 다음 추론을 생각해 보겠다.

    1. 괴델은 수학자다는 거짓이다는 거짓이다.
    2. 러셀은 철학자다.
    따라서 괴델은 수학자고 러셀은 철학자다.

먼저 첫째 전제에서 규칙 '거짓이다 없애기'를 써서 "괴델은 수학자다"를 이끌어 낼 수 있다. 그다음에 이 문장과 둘째 전제에 규칙 '이고 넣기'를 써서 결론 "괴델은 수학자고 러셀은 철학자다"를 이끌어낼 수 있다.

이처럼 추론 규칙을 하나씩 써서 추론의 마땅함을 밝히는 일을 "차근차근 이끌기" 또는 "자연연역"이라 한다. 우리는 다음을 공리로 여긴다.

    공리 04. 기본 추론 규칙을 써서 전제로부터 결론을 차근차근 이끌어낸 모든 추론은 마땅하다.

위에 나온 저 추론의 마땅함을 차근차근 이끌기로 밝히면 다음과 같다.

    1. 괴델은 수학자다는 거짓이다는 거짓이다.
    2. 러셀은 철학자다. // 괴델은 수학자고 러셀은 철학자다.
    3. 1에서 거짓이다 없애, 괴델은 수학자다.
    4. 3과 2에 이고 넣어, 괴델은 수학자고 러셀은 철학자다. "끝"

차근차근 이끌기를 하는 길은 다음과 같다. 먼저 전제들을 순서대로 쓴다. 마지막 전제 다음에 "따라서"를 뜻하는 "//"를 쓰고 그 뒤에 결론을 쓴다. 그런 다음 주어진 전제들로부터 한 번에 하나씩 기본 추론 규칙을 써서 새로운 문장을 이끌어낸다. 이렇게 얻은 문장에 새로운 번호를 매긴다. 우리가 얻고자 하는 결론이 나올 때까지 이런 식으로 계속한다. 마침내 결론에 이르면 차근차근 이끌기를 끝내고 마지막에 "끝"을 쓴다.

013 왜냐하면

"따라서"는 바로 뒤에 오는 문장 표현이 결론임을 알려주는 결론 표시어다. 한편 "왜냐하면"은 바로 뒤에 오는 문장 표현이 전제임을 알려주는 전제 표시어다. 우리는 "왜냐하면"을 써서 전제를 쓰는 자리를 결론 뒤로 보낼 수 있다. 다음 세 추론은 모두 똑같은 추론이다.

- 나는 생각한다. 너는 있다. 따라서 나는 생각하고 너는 있다.
- 나는 생각한다. 따라서 나는 생각하고 너는 있다. 왜냐하면 너는 있기 때문이다.
- 너는 있다. 따라서 나는 생각하고 너는 있다. 왜냐하면 나는 생각하기 때문이다.

이들 세 추론이 똑같은 까닭은 결론이 똑같을 뿐만 아니라 전제들도 모두 똑같기 때문이다. "왜냐하면"은 주어진 문장이 추론의 한 부분임을 알려준다. 이 때문에 "따라서"뿐만 아니라 "왜냐하면"도 이 문장의 모임이 추론임을 알려주는 '추론 표시어'다. 누군가가 문장들을 말하는 가운데 "따라서"나 "왜냐하면"을 쓴다면 그는 지금 추론을 하는 셈이다.

다음 추론이 마땅하도록 "왜냐하면" 뒤에 어울리는 전제를 보태자.

착한 사람이 있다는 거짓이다는 거짓이고 똑똑한 사람은 없다는 거짓이다. 따라서 착한 사람이 있고 못된 사람이 있다. 왜냐하면

결론은 이고문장인데 이고 앞말 "착한 사람이 있다"는 첫째 전제에서 이끌어낼 수 있다. 첫째 전제에서 먼저 이고 없애 "착한 사람이 있다는 거짓이다는 거짓이다"를 얻고 그다음 거짓이다 없애 "착한 사람이 있다"를 이끌어낸다. 하지만 결론의 이고 뒷말 "못된 사람이 있다"는 주어진 전제에서 이끌어낼 수 없다. "못된 사람이 있다"를 전제로 보태야 이 추론은 마땅할 수 있다. 결국 "왜냐하면" 바로 뒤에 "못된 사람이 있기 때문이다"를 보태야 한다. 이를 보탠다면 우리는 바라는 결론을 이끌어낼 수 있다.

014 이거나 넣기

우리는 "관성 운동은 직선 운동이다"와 "사물 없이 공간도 없다"를 "이거나"로 이어 "관성 운동은 직선 운동이거나 사물 없이 공간도 없다"는 새로운 문장을 만들 수 있다. 이러한 꼴의 문장을 "이거나문장" 또는 "선언문"이라 한다. 이거나문장에서 "이거나" 앞에 있는 표현을 "이거나 앞말"이라 하고 "이거나" 뒤에 있는 표현을 "이거나 뒷말"이라 한다. 이제 다음과 같은 추론의 꼴을 생각해 보겠다.

    1. X
    따라서 X이거나 Y

여기서 X와 Y는 뜻을 지닌 문장 또는 문장 표현이다. Y는 X와 아무 관련 없는 문장이어도 된다. 결론 자리에 "X이거나 Y" 대신에 "Y이거나 X"가 와도 좋다. 이 추론은 전제에 없던 "이거나"를 결론에 새로 넣어 이거나문장이 결론이 되게 한다. 이 같은 추론의 꼴을 "이거나 넣기" 또는 "선언논법"이라 한다. 다음 추론은 이거나 넣기를 쓴 추론의 보기다.

    1. 세종은 언어학자다.
    따라서 세종은 언어학자거나 음악학자다.

이거나 넣기는 결론에 이거나 뒷말 또는 이거나 앞말을 덧붙여 이거나문장을 결론으로 삼는 추론 규칙이다.

    규칙 I03 곧 '이거나 넣기'는 마땅한 추론의 본이며 기본 추론 규칙 가운데 하나다. 우리는 "이거나"를 참값모눈을 써서 정의하지 않았다. 우리는 '이거나 넣기'를 쓴 추론이 마땅하다는 것을 참값모눈을 써서 밝혀 보일 수 없다. 그 대신에 우리는 "이거나"가 '이거나 넣기'를 따른다는 점을 공리로 받아들이겠다. 각자의 생각 방식에 따라 또는 특수한 목적에 따라 '이거나 넣기'를 할 수 없는 독특한 "이거나"를 따로 정의할 수는 있다. 하지만 그런 "이거나"가 학문에 이바지한 적은 학문의 역사에서 찾아보기 어렵다.

015 이거나 없애기

두 전제를 가진 다음과 같은 추론의 꼴을 생각해 보겠다.

    1. X이거나 Y
    2. X는 거짓이다.
    따라서 Y

여기서 X와 Y는 뜻을 지닌 문장 또는 문장 표현이다. 이 추론은 전제에 있던 "이거나"를 결론에서 없앴는데 이 같은 추론의 꼴을 "이거나 없애기" 또는 "선언 삼단논법"이라 한다. 다음 추론의 꼴도 '이거나 없애기'다.

    1. X이거나 Y
    2. Y는 거짓이다.
    따라서 X

다음 추론은 이거나 없애기를 쓴 추론의 보기다.

    오리너구리는 알을 낳거나 새끼를 낳는다.
    오리너구리가 새끼를 낳는다는 거짓이다.
    따라서 오리너구리는 알을 낳는다.

'이거나 없애기'를 하려면 이거나 앞말 또는 뒷말이 틀렸다는 다른 전제가 있어야 한다. 그다음 남은 이거나 뒷말 또는 앞말을 결론으로 이끌어낸다.

    규칙 104 곧 '이거나 없애기'는 마땅한 추론의 본이며 기본 추론 규칙 가운데 하나다. 몇몇 사람은 우리가 흔히 쓰는 "이거나"가 '이거나 넣기'를 할 수 있는 "이거나"라는 점을 받아들이지 않는다. 하지만 그 "이거나"가 '이거나 없애기'를 할 수 있다는 점은 거의 모두가 받아들인다. 철학, 과학, 학문에서 주로 쓰는 "이거나"는 '이거나 없애기'뿐만 아니라 '이거나 넣기'를 할 수 있는 "이거나"다. 나중에 '이거나 넣기'와 '이거나 없애기'를 할 수 있는 "이거나"가 무슨 뜻을 갖는지를 또렷이 드러낼 것이다.

016 이면 없애기

"오늘 비가 온다"와 "오늘 소풍을 가지 않는다"를 문장 이음씨 "이면"으로 이어 "오늘 비가 온다면 오늘 소풍을 가지 않는다"를 얻는다. 이러한 꼴의 문장을 "이면문장" 또는 "조건문"이라 한다. 이면문장에서 "이면" 앞에 있는 표현을 "이면 앞말" 또는 "전건"이라 한다. "이면" 뒤에 있는 표현을 "이면 뒷말" 또는 "후건"이라 한다. 문장과 문장을 그냥 이어주는 문장 이음씨로서 '그냥 이면'은 "따라 나온다"를 뜻하는 '반드시 이면'과 다르다.

기본 추론 규칙 가운데 가장 중요한 규칙은 아마도 다음과 같은 규칙일 것이다. 아래에서 X와 Y는 뜻을 지닌 문장 또는 문장 표현이다.

    1. X이면 Y
    2. X
    따라서 Y

전제에 있던 "이면"을 결론에서 없앴는데 이와 같은 추론 규칙을 "이면 없애기" 또는 "긍정논법"이라 한다. 다음 추론은 이면 없애기를 쓴 추론이다.

    네가 말한다면 너는 마음을 갖는다.
    너는 말한다.
    따라서 너는 마음을 갖는다.

이처럼 '이면 없애기'를 하려면 이면 앞말이 참이라는 또 다른 전제가 있어야 한다. 그다음 이면 뒷말을 결론으로 이끌어낸다.

규칙 106 곧 '이면 없애기'는 마땅한 추론의 본이며 기본 추론 규칙 가운데 하나다. 우리는 "이면"을 참값모눈을 써서 정의하지 않았다. 이 때문에 우리는 '이면 없애기'를 쓴 모든 추론이 마땅하다는 것을 참값모눈을 써서 밝혀 보일 수 없다. 그 대신에 우리는 "이면"이 '이면 없애기'를 할 수 있음을 공리로 받아들이겠다. 철학, 과학, 학문에서 주로 쓰는 "이면"은 '이면 없애기'를 할 수 있는 "이면"이다.

017 뜻이 같다

정의 02에 "뜻한다"는 말이 나온다. "문장 X는 문장 Y를 뜻한다"는 곧 "문장 X와 문장 Y는 뜻이 같다"를 뜻한다. 여기서 "뜻이 같다"를 정의하는 것이 낫겠다. 우리는 "뜻이 같다"를 "참값모눈이 똑같다"로 바꾸고자 한다. 문장 X와 관련해 우리가 생각할 수 있는 세계는 두 가지다. 하나는 문장 X가 참인 세계고 다른 하나는 문장 X가 거짓인 세계다. 생각할 수 있는 이 모든 세계에서 "X는 참이다"의 참값은 X의 참값과 같다. 생각할 수 있는 모든 세계에서 참값이 똑같은 두 문장을 두고 우리는 "두 문장의 참값모눈은 똑같다"고 한다. "X는 참이다"와 X는 참값모눈이 똑같다. 이제 "뜻이 같다"를 다음과 같이 정의하겠다.

정의 05: 만일 두 문장 X와 Y의 참값모눈이 같다면 두 문장 X와 Y는 뜻이 같고, 만일 두 문장 X와 Y가 뜻이 같다면 두 문장 X와 Y는 참값모눈이 같다.

여기서 X와 Y는 뜻을 갖는 아무 문장이다. "뜻한다"를 쓰지 않은 채 "뜻이 같다"를 정의하려고 "이면"을 썼다. 낱말이나 개념을 정의할 때 "이면"을 흔히들 많이 쓴다. 정의 05를 "뜻이 같다"의 정의로 쓸 수 없다고 생각한다면 정의 05를 정의가 아니라 공리로 여겨도 괜찮다.
정의 05를 써서 공리 02를 다음과 같이 달리 쓸 수 있다.

공리 02: 문장 "'X'는 참이다"는 문장 X와 뜻이 같다.

문장 "'X'는 참이다"에서 'X'는 이 문장에서 임자말로 쓰였다. 임자말 'X'는 문장 X를 가리키는 이름이다. "'나는 말한다'는 참이다"에서 '나는 말한다'는 문장을 가리키는 이름이다. 보기로 "오직 물질만이 있다"는 견해를 "물질주의"라 한다. "물질주의"는 문장 "오직 물질만이 있다"를 가리키는 이름인 셈이다. 당연히 "물질주의는 참이다"는 "물질주의"와 뜻이 같지 않으며 다만 이름 "물질주의"가 가리키는 문장 "오직 물질만이 있다"와 뜻이 같다.

018 이중부정

거짓이다의 참값모눈 곧 공리 03을 써서 다음과 같은 그림을 얻는다.

세계	X	X는 거짓이다.	'X는 거짓이다'는 거짓이다.
W_1	참	거짓	참
W_2	거짓	참	거짓

W_1에서 X의 참값은 '참'이고 "'X는 거짓이다'는 거짓이다"의 참값은 '참'이다. W_2에서 X의 참값은 '거짓'이고 "'X는 거짓이다'는 거짓이다"의 참값은 '거짓'이다. 이처럼 두 문장의 참값은 생각할 수 있는 모든 세계에서 똑같다.

이제 우리는 다음 두 참말을 얻는다. 첫째 문장은 정의 05에서 가져온 참말이다. 둘째 문장은 참값모눈을 직접 그려 알아낸 참말이다.

1. "'X는 거짓이다'는 거짓이다"와 X의 참값모눈이 같다면 둘은 뜻이 같다.
2. "'X는 거짓이다'는 거짓이다"와 X의 참값모눈은 같다.

두 문장에 기본 추론 규칙 '이면 없애기'를 써서 "'X는 거짓이다'는 거짓이다"와 X가 뜻이 같다는 결론을 얻는다. 우리는 다음 '정리'를 얻는다. "정리"는 정의와 공리 및 추론 규칙을 써서 따라 나온 결론을 말한다.

정리: 문장 "'X는 거짓이다'는 거짓이다"는 문장 X와 뜻이 같다.

여기서 문장 X는 뜻을 갖는 아무 문장이다. "는 거짓이다는 거짓이다"를 "이중부정"이라 하는데 이 정리 자체를 "이중부정"이라 일컫기도 한다.

몇몇 논리학자는 문장 "'X는 거짓이다'는 거짓이다"가 문장 X와 뜻이 다르다고 주장한다. 이들은 아마도 공리 01이나 공리 03을 받아들이지 않을 것이다. 공리 01이나 공리 03을 받아들이지 않는 이들은 우리와 다른 "거짓이다"를 쓰고 있을 뿐이다. 우리가 철학, 과학, 학문에서 쓰는 "거짓이다"는 공리 01과 공리 03을 따르는 "거짓이다"다.

019 모순문장

공리 03과 정의 01을 써서 "X이고, X는 거짓이다"의 참값모눈을 만들겠다. 여기서 X는 뜻을 갖는 문장 또는 문장 표현이다. X와 "X는 거짓이다"의 참값을 써서 "X이고, X는 거짓이다"의 참값모눈을 그리면 아래와 같다.

세계	X	X는 거짓이다.	X이고, X는 거짓이다.
W_1	참	거짓	거짓
W_2	거짓	참	거짓

우리는 "반드시 참이다"와 "반드시 거짓이다"의 다음 정의를 받아들인다.

    정의 06: "문장 P는 반드시 참이다"는 "문장 P는 생각할 수 있는 모든 세계에서 참이다"를 뜻한다. "문장 P는 반드시 거짓이다"는 "문장 P는 생각할 수 있는 모든 세계에서 거짓이다"를 뜻한다.

반드시 참인 문장을 "반드시 참말"이라 하고 반드시 거짓인 문장을 "반드시 거짓말"이라 한다.

    "X이고, X는 거짓이다"는 생각할 수 있는 모든 세계에서 거짓이다. 정의 06에 따르면 만일 "X이고, X는 거짓이다"가 생각할 수 있는 모든 세계에서 거짓이면 이 문장은 반드시 거짓이다. 따라서 "X이고, X는 거짓이다"는 반드시 거짓이다. 우리는 이를 '정리'로 삼겠다.

    정리: 문장 "X이고, X는 거짓이다"는 반드시 거짓이다.

이제 새로운 낱말 "모순문장"을 다음과 같이 정의한다.

    정의 07: 모순문장은 "X이고, X는 거짓이다" 꼴의 문장이다.

정의 07을 써서 앞 정리를 "모순문장은 반드시 거짓이다"로 짧게 간추릴 수 있다. 이 정리를 다른 말로 "모순율" "무모순율" "비모순율"이라 한다. 공리 03이나 정의 01을 받아들이지 않는 이들은 무모순율을 받아들이지 않는다.

020 거짓이다 넣기 하루

다음 추론이 마땅한지 못마땅한지 따져 보려 한다.

> 1. 만일 히틀러가 사람이면 히틀러는 착하다.
> 2. 히틀러는 사람이다.
> 3. 히틀러는 착하다는 거짓이다.
> 따라서 히틀러는 착하고, 히틀러는 착하다는 거짓이다.

전제 2로 전제 1에서 이면 없애 "히틀러는 착하다"를 얻는다. 이것과 전제3에 이고 넣어 이 추론의 결론을 마땅하게 이끌어낼 수 있다.

이 추론은 마땅하지만 야릇하게도 결론은 모순문장이다. 다시 말해 이 추론의 결론은 반드시 거짓이다. 추론이 마땅하다는 말은 전제들을 모두 참이라고 여기면 결론도 참이라고 여길 수밖에 없음을 뜻한다. 하지만 우리는 이 추론의 결론을 참이라고 아예 여길 수조차 없다. 이 때문에 우리는 "전제들을 모두 참이라고 여길 수는 없다"고 생각하게 된다. 다시 말해 우리는 "전제들 가운데 적어도 하나는 거짓이다"고 결론 내릴 수 있다.

이러한 생각을 바탕으로 떠오른 것이 추론 규칙 I07 곧 "거짓이다 넣기"다. 아래에서 P_1, P_2, X는 뜻 있는 아무 문장이고 F_o는 모순문장이다.

왼쪽 추론이 마땅하면 오른쪽 추론도 마땅하다.

1. P_1	1. P_1
2. P_2	2. P_2
3. X	따라서 X는 거짓이다.
따라서 F_o	

물론 "P_1, P_2, X. 따라서 F_o"가 마땅하다면 "P_1. P_2. 따라서 X는 거짓이다"뿐만 아니라 "P_1. X. 따라서 P_2는 거짓이다"와 "P_2. X. 따라서 P_1은 거짓이다"도 마땅하다. 다만 P_1과 P_2는 미더운 전제고 X는 미덥지 못한 전제라면 X를 버리는 것이 마땅하다. 기본 추론 규칙 "거짓이다 넣기"를 다른 말로 "간접증명법", "귀류법", "배리법"이라고도 한다.

021 거짓이다 넣기 이틀

주어진 추론의 마땅함을 거짓이다 넣기를 써서 밝혀 보이는 방법을 간추리겠다. 먼저 주어진 추론을 오른쪽 추론으로 바꾼다.

주어진 추론	바꾼 추론
1. P_1	1. P_1
2. P_2	2. P_2
따라서 C	3*. C는 거짓이다.
	따라서 F_0.

여기서 P_1과 P_2는 주어진 전제고 C는 주어진 결론이며 F_0는 모순문장이다. "C는 거짓이다"는 결론의 부정문이다. 3*에 붙은 "*"은 새로 덧붙인 전제임을 나타낸다. 거짓이다 넣기에 따라 다음을 주장할 수 있다.

왼쪽 추론이 마땅하면 오른쪽 추론도 마땅하다.

1. P_1	1. P_1
2. P_2	2. P_2
3*. C는 거짓이다.	따라서 'C는 거짓이다'는 거짓이다.
따라서 F_0.	

여기서 "'C는 거짓이다'는 거짓이다"는 처음에 주어진 결론 C와 뜻이 같다.

다음 추론이 마땅하다는 것을 거짓이다 넣기를 써서 밝혀 보이겠다.

1. 빛은 질량이 없다가 거짓이면 빛보다 빠른 것이 없다는 거짓이다.
2. 빛보다 빠른 것은 없다. // 빛은 질량이 없다.
3*. 거짓이다 넣기 시작: '빛은 질량이 없다'는 거짓이다.
4*. 3*로 1에서 이면 없애, 빛보다 빠른 것이 없다는 거짓이다.
5*. 2와 4*에 이고 넣어, 모순문장.
6. 3*에서 5*까지로 3*에 거짓이다 넣어, "'빛은 질량이 없다'는 거짓이다"는 거짓이다.
7. 6에서 거짓이다 없애, 빛은 질량이 없다. "끝"

022 이면 넣기 〔하루〕

우리는 다음 추론이 마땅하다는 점을 차근차근 밝혀 보일 수 있다.

> P_1: 빛은 질량이 없거나 빛보다 빠른 것이 있다.
> P_2: 빛의 속력이 불변 상수면 '빛보다 빠른 것이 있다'는 거짓이다.
> X: 빛의 속력은 불변 상수다.
> 따라서 빛은 질량이 없다.

P_1과 P_2를 받아들인다면 우리는 다음과 같이 말할 수 있다. "빛의 속력은 불변 상수다"가 참이면 "빛은 질량이 없다"는 참이다. 이것은 다음 추론도 마땅하다는 것을 뜻한다.

> P_1: 빛은 질량이 없거나 빛보다 빠른 것이 있다.
> P_2: 빛의 속력이 불변 상수면 '빛보다 빠른 것이 있다'는 거짓이다.
> 따라서 빛의 속력이 불변 상수면 빛은 질량이 없다.

이러한 생각을 바탕으로 새로운 기본 추론 규칙을 떠올릴 수 있다.

기본 추론 규칙 I05 곧 "이면 넣기"는 다음과 같다.

왼쪽 추론이 마땅하면 오른쪽 추론도 마땅하다.

1. P_1	1. P_1
2. P_2	2. P_2
3. X	따라서 X이면 Y
따라서 Y	

물론 "P_1, P_2, X. 따라서 Y"가 마땅하다면 "P_1. P_2. 따라서 X이면 Y"뿐만 아니라 "P_1. X. 따라서 P_2이면 Y"와 "P_2. X. 따라서 P_1이면 Y"도 마땅하다. 다만 P_1과 P_2가 처음 주어진 전제라면 이로부터 "X이면 Y"를 결론으로 얻는 것이 마땅하다. "이면 넣기"를 다른 말로 "조건증명법"이라 한다. '이면 넣기'의 결론은 언제나 이면문장이다. 이 때문에 추론의 결론이 이면문장일 때 우리가 가장 먼저 떠올려야 하는 추론 규칙은 '이면 넣기'다.

023 이면 넣기 이틀

주어진 추론의 마땅함을 이면 넣기를 써서 밝혀 보이는 방법을 간추리겠다. 먼저 주어진 추론을 오른쪽 추론으로 바꾼다.

주어진 추론	바꾼 추론
1. P_1	1. P_1
2. P_2	2. P_2
따라서 X이면 Y	3*. X
	따라서 Y

여기서 P_1과 P_2는 주어진 전제고 "X이면 Y"는 주어진 결론이다. 처음 결론의 이면 앞말 X를 새 추론의 전제로 새로 덧붙이고 처음 결론의 이면 뒷말 Y를 새 추론의 결론으로 삼는다. 이면 넣기에 따라 다음을 주장할 수 있다.

왼쪽 추론이 마땅하면 오른쪽 추론도 마땅하다.

1. P_1	1. P_1
2. P_2	2. P_2
3*. X	따라서 X이면 Y
따라서 Y	

여기서 "X이면 Y"는 처음에 주어진 결론이었다.

    다음 추론이 마땅하다는 것을 이면 넣기를 써서 밝혀 보이겠다.

1. 쿼크가 전하량을 갖는다면 쿼크는 질량을 갖는다.
2. 쿼크는 질량을 갖지 않거나 스핀을 갖는다. // 만일 쿼크가 전하량을 갖는다면 쿼크는 스핀을 갖는다.
 3*. 이면 넣기 시작: 쿼크는 전하량을 갖는다.
 4*. 3*로 1에서 이면 없애, 쿼크는 질량을 갖는다.
 5*. 4*로 2에서 이거나 없애, 쿼크는 스핀을 갖는다.
6. 3*에서 5*까지로 3*과 5*에 이면 넣어, 만일 쿼크가 전하량을 갖는다면 쿼크는 스핀을 갖는다. "끝"

024 뒤로 이면 없애기

기본 추론 규칙을 바탕으로 새로운 추론 규칙을 만들 수 있는데 이렇게 만들어진 추론 규칙을 "파생 추론 규칙" 또는 "딸림 추론 규칙"이라 한다. 우리는 다음 추론 규칙이 마땅하다는 것을 밝혀 보일 수 있다.

1. X이면 Y
2. Y는 거짓이다.
따라서 X는 거짓이다.

여기서 X와 Y는 뜻을 지닌 문장 또는 문장 표현이다. 전제에 있던 "이면"을 결론에서 없앴는데 이를 "이면 없애기"와 구별하여 "뒤로 이면 없애기" 또는 "부정논법"이라 한다.

'뒤로 이면 없애기'를 증명하려면 '거짓이다 넣기'를 써야 한다.

1. X이면 Y
2. Y는 거짓이다. // X는 거짓이다.
  3*. 거짓이다 넣기 시작: X
  4*. 3*로 1에서 이면 없애, Y
  5*. 4*과 2에 이고 넣어, Y이고, Y는 거짓이다.
6. 3*에서 5*까지로 3*에 거짓이다 넣어, X는 거짓이다. "끝"

다음 추론은 뒤로 이면 없애기를 쓴 추론의 보기다.

1. 바깥 세계가 없다면 나는 생각하지 못한다.
2. '내가 생각하지 못한다'는 거짓이다.
따라서 '바깥 세계는 없다'는 거짓이다.

둘째 전제를 짧게 "내가 생각할 수 있다"로 바꾸고 결론을 짧게 "바깥 세계는 있다"로 바꾸어도 될 것 같다. 이제는 뒤로 이면 없애기를 따로 증명하지 않고 차근차근 이끌기할 때 자유롭게 써도 된다.

025 이면 잇기

우리는 다음 추론 규칙이 마땅하다는 것을 밝혀 보일 수 있다.

    1. X이면 Y
    2. Y이면 Z
    따라서 X이면 Z

여기서 X와 Y는 뜻을 지닌 문장 또는 문장 표현이다. 두 이면문장을 이어 새로운 이면문장을 결론으로 이끌었는데 이와 같은 추론의 꼴을 "이면 잇기" 또는 "가언 삼단논법"이라 한다. '이면 잇기'는 가장 잘 알려진 추론 규칙이지만 기본 추론 규칙이 아니라 파생 추론 규칙이다.

    '이면 잇기'를 증명하려면 '이면 넣기'를 써야 한다.

    1. X이면 Y
    2. Y이면 Z // X이면 Z
      3*. 이면 넣기 시작: X
      4*. 3*로 1에서 이면 없애, Y
      5*. 4*로 2에서 이면 없애, Z
    6. 3*에서 5*까지로 3*과 5*에 이면 넣어, X이면 Z. "끝"

이제는 이면 잇기를 따로 증명하지 않고 차근차근 이끌기할 때 자유롭게 써도 된다. 다음 추론은 이면 잇기를 쓴 추론의 보기다.

    1. 내가 앎을 더는 찾지 않는다면 나는 앎을 사랑하지 않는다.
    2. 내가 앎을 사랑하지 않는다면 나는 철학자가 아니다.
    따라서 내가 앎을 더는 찾지 않는다면 나는 철학자가 아니다.

전제 1과 2의 차례를 바꾸어도 결론은 그대로다. "내가 앎을 사랑하지 않는다면 나는 철학자가 아니다. 내가 앎을 더는 찾지 않는다면 나는 앎을 사랑하지 않는다. 따라서 내가 앎을 더는 찾지 않는다면 나는 철학자가 아니다."

026 이러나저러나

우리는 다음 추론 규칙이 마땅하다는 것을 밝혀 보일 수 있다.

    1. X이거나 Y
    2. X이면 Z
    3. Y이면 Z
    따라서 Z

여기서 X, Y, Z는 뜻을 지닌 문장 또는 문장 표현이다. 이러한 추론 규칙을 "이러나저러나" 또는 "경우에 의한 논증"이라 한다.

'거짓이다 넣기'를 써서 '이러나저러나'를 증명하는 것이 좋겠다.

    1. X이거나 Y
    2. X이면 Z
    3. Y이면 Z // Z
        4*. 거짓이다 넣기 시작: Z는 거짓이다.
        5*. 4*로 2에서 뒤로 이면 없애, X는 거짓이다.
        6*. 5*로 1에서 이거나 없애, Y
        7*. 4*로 3에서 뒤로 이면 없애, Y는 거짓이다.
        8*. 6*과 7*에 이고 넣어, Y이고, Y는 거짓이다.
    9. 4*에서 8*까지로 4*에 거짓이다 넣어, Z는 거짓이다는 거짓이다.
    10. 9에서 거짓이다 없애, Z. "끝"

다음 추론은 이러나저러나를 쓴 추론의 보기다.

    1. 나는 슬기롭거나 아직은 어리석다.
    2. 만일 내가 슬기롭다면 나는 앎과 착함을 좇아야 한다.
    3. 만일 내가 아직은 어리석다면 나는 앎과 착함을 좇아야 한다.
    따라서 나는 앎과 착함을 좇아야 한다.

027 "이거나"의 뜻

우리는 다음 네 추론이 마땅하다는 것을 추론 규칙을 써서 증명할 수 있다.

- X는 참이다. Y는 참이다. 따라서 'X이거나 Y'는 참이다.
- X는 참이다. Y는 거짓이다. 따라서 'X이거나 Y'는 참이다.
- X는 거짓이다. Y는 참이다. 따라서 'X이거나 Y'는 참이다.
- X는 거짓이다. Y는 거짓이다. 따라서 'X이거나 Y'는 거짓이다.

첫째, 둘째, 셋째 추론은 '이거나 넣기'를 써서 쉽게 밝혀 보일 수 있다. 넷째 추론은 '거짓이다 넣기'를 써야 한다. "'X이거나 Y'는 참이다"를 새로운 전제로 보태면 이로부터 우리는 모순문장을 이끌어낼 수 있다. 넷째 추론이 마땅하다는 사실이 뜻하는 바는 "X가 거짓이고 Y가 거짓인 모든 세계에서 'X이거나 Y'도 거짓이다"는 점이다.

위에서 말한 네 가지 추론을 하나의 모눈에 간추릴 수 있다. 이렇게 간추린 모눈을 "이거나의 참값모눈" 또는 "선언의 진리표"라 한다. 우리는 이거나의 참값모눈을 정의, 공리, 추론 규칙을 써서 증명할 수 있기에 이를 '정리'로 여길 수 있다.

정리. 이거나의 참값모눈

세계	X	Y	X이거나 Y
W_1	참	참	참
W_2	참	거짓	참
W_3	거짓	참	참
W_4	거짓	거짓	거짓

이거나의 참값모눈은 "X이거나 Y"의 뜻을 드러낸다. "X이거나 Y"는 W_1, W_2, W_3에서 참이다. 이 세계들은 X와 Y 가운데 적어도 하나가 참인 세계다. 따라서 "X이거나 Y"는 "X와 Y 가운데 적어도 하나는 참이다"를 뜻한다. 하지만 이는 "X와 Y 가운데 하나만 참이다"를 뜻하지 않는다.

028 이고 나눔

이고의 참값모눈과 이거나의 참값모눈을 써서 다음 문장들의 짝이 뜻이 같음을 보일 수 있다. 두 문장의 뜻이 같을 때 세겹줄꼴 "≡"을 쓴다.

이고 되풀이 _{연언 동어반복}	X이고 X ≡ X
이거나 되풀이 _{선언 동어반복}	X이거나 X ≡ X
이고 앞뒤 바꿈 _{연언 교환규칙}	X이고 Y ≡ Y이고 X
이거나 앞뒤 바꿈 _{선언 교환규칙}	X이거나 Y ≡ Y이거나 X
이고 새로 모음 _{연언 결합규칙}	X이고 'Y이고 Z' ≡ 'X이고 Y'이고 Z
이거나 새로 모음 _{선언 결합규칙}	X이거나 'Y이거나 Z' ≡ 'X이거나 Y'이거나 Z

이런 규칙늘을 "같은 말 규칙" 또는 "딜리 쓰기 규칙"이리 한다. 짧게 "규칙 R"이라 하겠다.

보기로 다음과 같은 "이고 나눔" 또는 "연언 분배규칙"을 참값모눈을 써서 증명하고자 한다.

- X이고 'Y이거나 Z' ≡ 'X이고 Y'이거나 'X이고 Z'
- 'X이거나 Y'이고 Z ≡ 'X이고 Z'이거나 'Y이고 Z'

이를 증명하려면 두 문장의 참값모눈을 함께 만들어 견주면 된다.

세계	X	Y	Z	X 이고 'Y 이거나 Z'			'X 이고 Y' 이거나 'X 이고 Z'		
W_1	참	참	참	참	참	참	참	참	참
W_2	참	참	거	참	참	참	참	참	거
W_3	참	거	참	참	참	참	거	참	참
W_4	참	거	거	참	거	거	거	거	거
W_5	거	참	참	거	참	참	거	거	거
W_6	거	참	거	거	거	참	거	거	거
W_7	거	거	참	거	거	참	거	거	거
W_8	거	거	거	거	거	거	거	거	거

긴 문장의 참값을 셈하려고 X의 참값, 'Y이거나 Z'의 참값, 'X이고 Y'의 참값, 'X이고 Z'의 참값을 작은 글자로 써 두었다.

029 이거나 나눔

다음과 같은 "이거나 나눔" 또는 "선언 분배규칙"을 참값모눈을 써서 증명하고자 한다.

- X이거나 'Y이고 Z' ≡ 'X이거나 Y'이고 'X이거나 Z'
- 'X이고 Y'이거나 Z ≡ 'X이거나 Z'이고 'Y이거나 Z'

이를 증명하려면 두 문장의 참값모눈을 함께 만들어 견주면 된다.

세계	X	Y	Z	X	이거나	'Y이고 Z'	'X이거나 Y'	이고	'X이거나 Z'
W_1	참	참	참	참	참	참	참	참	참
W_2	참	참	거	참	참	거	참	참	참
W_3	참	거	참	참	참	거	참	참	참
W_4	참	거	거	참	참	거	참	참	참
W_5	거	참	참	거	참	참	참	참	참
W_6	거	참	거	거	거	거	참	거	거
W_7	거	거	참	거	거	거	거	거	참
W_8	거	거	거	거	거	거	거	거	거

긴 문장의 참값을 셈하려고 X의 참값, 'Y이고 Z'의 참값, 'X이거나 Y'의 참값, 'X이거나 Z'의 참값을 작은 글자로 써 두었다.

규칙 R 곧 달리 쓰기 규칙은 정의, 공리, 추론 규칙으로 밝혀 보일 수 있기에 이를 정리로 여기는 것이 마땅하다. 규칙 R에 따라 다음과 같은 뜻이 같은 말들의 짝을 얻을 수 있다.

- 입자는 왼쪽에서 오른쪽으로 움직였고, 위쪽 틈이나 아래쪽 틈을 지났다. ≡ 입자는 왼쪽에서 오른쪽으로 움직였고 위쪽 틈을 지났거나, 입자는 왼쪽에서 오른쪽으로 움직였고 아래쪽 틈을 지났다.
- 입자는 한 곳에만 있고 측정 전에도 있거나, 코펜하겐 해석은 틀렸다. ≡ 입자는 한 곳에만 있거나 코펜하겐 해석은 틀렸고, 입자는 측정 전에도 있거나 코펜하겐 해석은 틀렸다.

첫째는 이고 나눔의 보기며 둘째는 이거나 나눔의 보기다.

030 모아 거짓이다

우리는 다음과 같은 달리 쓰기 규칙을 참값모눈을 써서 증명할 수 있다.

- 'X이고 Y'는 거짓이다. ≡ X는 거짓이거나 Y는 거짓이다.
- 'X이거나 Y'는 거짓이다. ≡ X는 거짓이고 Y는 거짓이다.

이를 "모아 거짓이다" 또는 "드모르간 규칙"이라 한다. 첫째 것은 '이고 모아 거짓이다'고 둘째 것은 '이거나 모아 거짓이다'다.

두 문장의 참값모눈을 함께 만들어 견주면 이를 증명할 수 있다. '이고 모아 거짓이다'의 문장 짝을 서로 견주면 아래와 같다.

X	Y	'X이고 Y'는 거짓이다.	X는 거짓이거나 Y는 거짓이다.
참	참	거짓	거짓
참	거짓	참	참
거짓	참	참	참
거짓	거짓	참	참

"X이고 Y"는 "X와 Y가 둘 다 참이다"를 뜻하기에 "'X이고 Y'는 거짓이다"는 "X와 Y 가운데 적어도 하나는 거짓이다"를 뜻한다. 이는 곧 "X는 거짓이거나 Y는 거짓이다"다. 이것은 방금 그린 참값모눈에 잘 나타나 있다.

'이거나 모아 거짓이다'의 문장 짝을 서로 견주면 아래와 같다.

X	Y	'X이거나 Y'는 거짓이다.	X는 거짓이고 Y는 거짓이다.
참	참	거짓	거짓
참	거짓	거짓	거짓
거짓	참	거짓	거짓
거짓	거짓	참	참

"X이거나 Y"는 "X와 Y 가운데 적어도 하나는 참이다"를 뜻한다. "'X와 Y 가운데 적어도 하나는 참이다'는 거짓이다"는 "X와 Y가 둘 다 거짓이다"를 뜻한다. 이는 곧 "X는 거짓이고 Y는 거짓이다"로 바꿀 수 있다. 이 이야기는 방금 그린 참값모눈에 잘 나타나 있다.

031 서로 따라 나온다

"서로 따라 나온다" 또는 "서로 함축한다"를 다음과 같이 정의한다.

> 정의 08. "문장 P와 문장 Q는 서로 따라 나온다"는 "P로부터 Q가 따라 나오고 또한 Q로부터 P가 따라 나온다"를 뜻한다.

정의 02에 따르면 "P로부터 Q가 따라 나온다"는 "P가 참이고 Q가 거짓인 세계는 없다"를 뜻한다. 이를 정의 08에 적용하면 "P와 Q는 서로 따라 나온다"는 "P가 참이고 Q가 거짓인 세계는 없고 Q가 참이고 P가 거짓인 세계는 없다"를 뜻한다. 따라서 "P와 Q는 서로 따라 나온다"는 "생각할 수 있는 모든 세계에서 P와 Q의 참값은 같다"를 뜻한다. 달리 말해 "P와 Q는 서로 따라 나온다"는 "P와 Q는 뜻이 같다"를 뜻한다.

방금 이야기를 다음과 같은 정리로 간추릴 수 있다.

> P와 Q는 서로 따라 나온다.
> ≡ P와 Q는 참값모눈이 같다.
> ≡ P와 Q는 뜻이 같다.

만일 문장 P와 문장 Q가 참값모눈이 같다면 두 문장은 서로 따라 나온다. 만일 문장 P와 문장 Q가 뜻이 같다면 두 문장은 서로 따라 나온다. 거꾸로 만일 우리가 문장 P로부터 문장 Q가 따라 나온다는 것을 차근차근 밝혀 보이고 문장 Q로부터 문장 P가 따라 나온다는 것을 차근차근 밝혀 보인다면 결국 우리는 "문장 P와 문장 Q는 뜻이 같다"와 "문장 P와 문장 Q는 참값모눈이 같다"를 밝혀 보인 셈이다. 우리에게 "문장 P와 문장 Q는 뜻이 같다"를 밝혀 보이는 길이 두 가지 생겼다. 하나는 두 문장의 참값모눈을 만들어 견주는 길이다. 다른 하나는 두 문장이 서로 따라 나온다는 것을 차근차근 밝히는 길이다. 하나 마나 한 말이지만 만일 문장 P와 문장 Q가 뜻이 같다면 문장 P로부터 문장 Q가 따라 나온다. 마찬가지로 만일 문장 P와 문장 Q가 뜻이 같다면 문장 Q로부터 문장 P가 따라 나온다.

032 이면 앞뒤 바꿈

두 문장이 서로 따라 나온다는 것을 보임으로써 그 둘의 뜻이 같음을 밝힐 수 있다. 보기로서 다음과 같은 규칙을 밝혀 보이려 한다.

X이면 Y ⇔ Y가 거짓이면 X는 거짓이다.

여기서 짝겹화살꼴 "⇔"은 "서로 따라 나온다"를 짧게 나타낸 말꼴이다. 이 규칙을 "이면 앞뒤 바꿈" 또는 "대우 규칙"이라 한다. 둘이 서로 따라 나온다는 것을 보이려면 우리는 다음 둘을 보여야 한다. 첫째, "X이면 Y"로부터 "Y가 거짓이면 X는 거짓이다"가 따라 나온다. 둘째, "Y가 거짓이면 X는 거짓이다"로부터 "X이면 Y"가 따라 나온다.

이것은 다음 두 추론이 마땅하다는 것을 밝혀 보이는 것과 같다.

- X이면 Y. 따라서 Y가 거짓이면 X는 거짓이다.
- Y가 거짓이면 X는 거짓이다. 따라서 X이면 Y.

첫째 추론을 먼저 차근차근 이끌어 보겠다.

1. X이면 Y // Y가 거짓이면 X는 거짓이다.
2*. 이면 넣기 시작: Y는 거짓이다.
3*. 2*로 1에서 뒤로 이면 없애, X는 거짓이다.
4. 2*에서 3*까지로 2*과 3*에 이면 넣어, Y가 거짓이면 X는 거짓이다.
"끝"

둘째 추론도 첫째 추론과 거의 비슷하게 차근차근 이끌 수 있다.

1. Y가 거짓이면 X는 거짓이다. // X이면 Y
2*. 이면 넣기 시작: X
3*. 2*로 1에서 뒤로 이면 없애, Y
4. 2*에서 3*까지로 2*과 3*에 이면 넣어, X이면 Y. "끝"

033 "이면"의 뜻 하루

우리는 다음 두 추론이 마땅하다는 것을 차근차근 밝혀 보일 수 있다.

- X이면 Y. 따라서 'X이고, Y는 거짓이다'는 거짓이다.
- 'X이고, Y는 거짓이다'는 거짓이다. 따라서 X이면 Y

두 추론이 마땅하다는 것은 "X이면 Y"와 "'X이고, Y는 거짓이다'는 거짓이다"가 서로 따라 나온다는 것을 뜻한다. 나아가 "X이면 Y"와 "'X이고, Y는 거짓이다'는 거짓이다"는 뜻이 같고 참값모눈도 같음을 뜻한다.

'거짓이다 넣기'를 써서 첫째 추론이 마땅하다는 것을 보이겠다.

    1. X이면 Y // 'X이고, Y는 거짓이다'는 거짓이다.
      2*. 거짓이다 넣기 시작: X이고, Y는 거짓이다.
      3*. 2*에서 이고 없애, X
      4*. 3*로 1에서 이면 없애, Y
      5*. 2*에서 이고 없애, Y는 거짓이다.
      6*. 4*과 5*에 이고 넣어, Y이고, Y는 거짓이다.
    7. 2*에서 6*까지로 2*에 거짓이다 넣어, 'X이고, Y는 거짓이다'는 거짓이다. "끝"

그다음 '이면 넣기'를 써서 둘째 추론이 마땅하다는 것을 보이겠다.

    1. 'X이고, Y는 거짓이다'는 거짓이다. // X이면 Y
    2. 1을 이고 모아 거짓이다 하여, X가 거짓이거나 Y
      3*. 이면 넣기 시작: X
      4*. 3*로 2에서 이거나 없애, Y
    5. 3*에서 4*까지로 3*과 4*에 이면 넣어, X이면 Y. "끝"

이리하여 우리는 "X이면 Y"와 "'X이고, Y는 거짓이다'는 거짓이다"는 서로 따라 나온다는 것을 알게 되었다.

034 "이면"의 뜻 이틀

밝혔듯이 "X이면 Y"는 "'X이고, Y는 거짓이다'는 거짓이다"와 뜻이 같다. 일상에서도 "X이면 Y"는 "X는 맞지만 Y는 틀리는 일은 일어나지 않는다"를 뜻한다. 모아 거짓이다 규칙에 따르면 "'X이고, Y는 거짓이다'는 거짓이다"는 "X가 거짓이거나 Y"와 뜻이 같다. 따라서 다음 세 문장은 뜻이 같다.

- X이면 Y
- 'X이고, Y는 거짓이다'는 거짓이다.
- X가 거짓이거나 Y

이 규칙을 "이면 이기니 바꿈" 또는 "조건문 규칙"이라 한다.

우리는 "X가 거짓이거나 Y"의 참값모눈으로부터 "X이면 Y"의 참값모눈을 알아낼 수 있다. 우리는 '이거나'의 참값모눈을 알기에 "X가 거짓이거나 Y"의 참값을 쉽게 셈할 수 있다.

X	Y	X가 거짓이거나 Y	X이면 Y
참	참	참	?
참	거짓	거짓	?
거짓	참	참	?
거짓	거짓	참	?

"X가 거짓이거나 Y"와 "X이면 Y"는 뜻이 같기에 둘의 참값모눈도 같다. 따라서 "X이면 Y"의 참값은 왼쪽 "X가 거짓이거나 Y"의 참값과 똑같다.

X	Y	X이면 Y
참	참	참
참	거짓	거짓
거짓	참	참
거짓	거짓	참

이렇게 우리는 "이면의 참값모눈" 또는 "조건문의 진리표"를 얻었다. '이면의 참값모눈'은 공리, 정의, 추론 규칙으로부터 얻었기에 이것은 '정리'다.

035 일 때 오직 그때만

"오직 X가 참일 때만 Y는 참이다"를 줄여 "오직 X일 때만 Y"라고 말한다. 여기서 "오직 X일 때만" 또는 "X일 때만"은 무슨 뜻일까? "나는 재인만 사랑한다"는 "나는 재인 말고 다른 것을 사랑하지 않는다"를 뜻한다. "오직 X일 때만 Y"는 다음을 뜻한다고 볼 수 있다.

> 오직 X일 때만 Y
> ≡ X가 거짓이면 Y는 거짓이다.
> ≡ Y이면 X

이것은 공리, 정의, 추론 규칙으로부터 따라 나온 것이 아니라 낱말의 쓰임새를 나타낸 것이다. 물론 이를 "오직 X일 때만 Y"의 정의로 여겨도 된다. 주의할 점은 "오직 X일 때만 Y" 안에 "X이면 Y"가 들어 있지 않다는 점이다. "오직 X일 때만 Y"가 참이라 해서 "X이면 Y"가 참이지는 않다.

"일 때만"은 "일 때 오직 그때만"과 뜻이 다르다. "X일 때 오직 그때만 Y"는 다음을 뜻한다.

> X일 때 오직 그때만 Y
> ≡ X일 때 Y이고, 오직 X일 때만 Y
> ≡ X이면 Y이고, Y이면 X

보기를 들어 "네가 없을 때 오직 그때만 내가 없다"는 "네가 없다면 나는 없고, 내가 없다면 너는 없다"를 뜻한다. "X이면 Y이고, Y이면 X"의 참값모눈을 그림으로써 "X일 때 오직 그때만 Y"의 참값모눈을 얻을 수 있다.

X	Y	X일 때 오직 그때만 Y
참	참	참
참	거짓	거짓
거짓	참	거짓
거짓	거짓	참

036 반드시와 어쩌다

우리는 정의 06에서 "반드시 참이다"와 "반드시 거짓이다"를 정의했다. 반드시 참 말 또는 항진문장은 생각할 수 있는 모든 세계에서 참인 문장이다. 반드시 거짓말 또는 항위문장은 생각할 수 있는 모든 세계에서 거짓인 문장이다. 반드시 참말과 반드시 거짓말을 모아 "반드시 문장" 또는 "필연문장"이라 한다. 참값을 갖지만 반드시 문장이 아닌 문장을 "어쩌다 문장" 또는 "우연문장"이라 한다. "세종은 한글을 만들었다"는 우리 세계에서는 참이지만 우리는 이 문장이 거짓인 세계를 생각할 수 있다. 이런 문장을 "어쩌다 참말" 또는 "우연진실"이라 한다. "뉴턴은 양자역학을 알았다"는 우리 세계에서 거짓이지만 우리는 이 문장이 참인 세계를 생각할 수 있다. 이런 문장을 "어쩌다 거짓말" 또는 "우연허위"라 한다.

모순문장은 반드시 거짓말이다. 하지만 모든 반드시 거짓말이 모순문장이지는 않다. "'A이고 B'이고, B는 거짓이다"는 반드시 거짓말이다.

A	B	'A이고 B'이고, B는 거짓이다.
참	참	거짓
참	거짓	거짓
거짓	참	거짓
거짓	거짓	거짓

이 문장은 모순문장이 아니다. 하지만 한 모순문장과 한 반드시 거짓말은 서로 따라 나오고 뜻이 같다. 나아가 모든 반드시 거짓말은 서로 뜻이 같고 서로 따라 나온다. 왜냐하면 그 문장들은 생각할 수 있는 모든 세계에서 거짓이고 그것들은 참값이 서로 같기 때문이다. 마찬가지로 모든 반드시 참말도 서로 뜻이 같고 서로 따라 나온다. 그 문장들은 생각할 수 있는 모든 세계에서 참이고 그것들은 참값이 서로 같다. 한편 아무 문장 P로부터 반드시 참말 T_0가 따라 나온다. 왜냐하면 문장 P가 참이고 문장 T_0가 거짓인 세계는 없기 때문이다. 놀랍게도 반드시 거짓말 F_0로부터는 아무 문장 P가 따라 나온다. 왜냐하면 문장 F_0가 참이고 문장 P가 거짓인 세계는 없기 때문이다.

037 그냥 이면

"괴델은 수학자다"와 "독도는 우리 땅이다"는 우리 세계에서 참이다. "이면"의 뜻에 따르면 "괴델이 수학자면 독도는 우리 땅이다"는 우리 세계에서 참이다. 하지만 "괴델은 수학자다"로부터 "독도는 우리 땅이다"가 따라 나오지 않는다. 보통 "P이면 Q"는 "P로부터 Q가 따라 나온다"를 뜻하지 않는다. 하지만 때때로 우리는 "P로부터 Q가 따라 나온다"를 "P이면 Q"라고 쓴다. 그렇게 쓸 수 있는 까닭은 "P이면 Q"에 두 가지 뜻이 있기 때문이다.

- 그냥 이면: "P이면 Q"는 어쩌다 참말이다.
- 반드시 이면: "P이면 Q"는 반드시 참말이다.

그냥 이면은 이면의 참값모눈에 나타난 뜻만 갖는다. '그냥 이면'으로 이어진 문장을 '그냥 이면문장' 또는 '단순조건문'이라 하는데 그냥 짧게 '이면문장' '조건문'이라고도 한다. '반드시 이면'은 '문장 이음씨'라기보다 두 문장의 관계 곧 '따라 나오는 관계'를 나타낸다. 그냥 이면은 말꼴로 화살꼴 "→"을 쓰고 '반드시 이면'은 아꼴 "⊢" 또는 겹화살꼴 "⇒"을 쓴다.

"괴델이 수학자면 독도는 우리 땅이다"에서 "이면"은 '그냥 이면'이다. 이 이면문장은 우리 세계에서 어쩌다 참말일 뿐이다. 하지만 "만일 괴델이 수학자고 독도가 우리 땅이면 독도는 우리 땅이다"는 생각할 수 있는 모든 세계에서 참이고 반드시 참말이다. "A이면 B"와 "만일 A이고 B이면 B"의 참값모눈을 만들면 두 이면이 다르다는 것을 또렷이 알 수 있다.

A	B	A이면 B	만일 A이고 B이면 B
참	참	참	참
참	거짓	거짓	참
거짓	참	참	참
거짓	거짓	참	참

이 참값모눈에서 보듯이 "A이면 B"는 어쩌다 문장이고 '그냥 이면문장'이다. 반면 "만일 A이고 B이면 B"는 반드시 참말이고 '반드시 이면문장'이다.

038 반드시 이면

우리는 일상에서 반드시 이면문장을 자주 쓴다. 보기를 들면 다음과 같다.

- 내 씀씀이가 늘어난다면 내 씀씀이는 줄어들지 않는다.
- 내 벌이가 줄어들지 않는다면 내 벌이는 그대로이거나 늘어난다.
- 한소희가 여배우면 그는 배우다.
- 송강이 배우면 그는 남배우거나 남자 아닌 배우다.

반드시 이면문장은 반드시 참말이기 때문에 차근차근 이끌기할 때 언제든지 가져와 써도 된다.

"P이면 Q"처럼 "P일 때 오직 그때만 Q"도 두 가지 뜻을 갖는다. "일 때 오직 그때만"를 짧게 "이면이"라 한다.

- 그냥 이면이: "P일 때 오직 그때만 Q"는 어쩌다 참말이다.
- 반드시 이면이: "P일 때 오직 그때만 Q"는 반드시 참말이다.

어쩌다 문장에 쓰인 "일 때 오직 그때만"은 말꼴로 짝화살꼴 "↔"을 쓴다. 문장 "X↔Y"는 "그냥 이면이문장" 또는 "그냥 쌍조건문"이라 하는데 그냥 짧게 "이면이문장", "쌍조건문"이라고도 한다. 반드시 문장에 쓰인 "일 때 오직 그때만"은 "서로 따라 나온다"를 뜻하고 말꼴로 짝겹화살꼴 "⇔"을 쓴다. "P↔Q"가 반드시 참말일 때 우리는 이를 "P⇔Q"라고 쓸 수 있다.

"P⇒Q"와 "P⇔Q"를 각각 하나의 문장으로 여기면 문장 "P⇒Q"와 문장 "P⇔Q"는 반드시 참말이고 생각할 수 있는 모든 세계에서 참이다. 다시 말해 문장 "P⇒Q"와 문장 "P⇔Q"는 생각할 수 있는 모든 세계에서 참값이 같다. 따라서 문장 "P⇒Q"와 문장 "P⇔Q"는 뜻이 같다. 하지만 "P⇒Q"와 "P⇔Q"를 각각 문장이 아니라 문장들 사이의 관계를 나타내는 것으로 봐야 한다. 관계로서 "P⇒Q"와 "P⇔Q"는 둘이 말하는 바가 다르다. "P⇒Q"는 "P로부터 Q가 따라 나온다"를 뜻한다. "P⇔Q"는 "P로부터 Q가 따라 나오고 Q로부터 P가 따라 나온다" 곧 "P와 Q는 뜻이 같다"를 뜻한다.

039 달리 쓰기

우리는 앞에서 "P와 Q는 서로 따라 나온다", "P와 Q는 참값모눈이 같다", "P와 Q는 뜻이 같다"가 모두 뜻이 같다고 배웠다. "서로 따라 나온다"는 말꼴로 짝겹화살 꼴 "⇔"이고 "뜻이 같다"는 말꼴로 세겹줄꼴 "≡"이지만 말꼴 "⇔"과 말꼴 "≡"은 서로 바꿔 쓸 수 있다. "P ≡ Q"든 "P⇔Q"든 P와 Q 사이에 이와 같은 관계가 성립한 다면 둘은 뜻이 같고, 서로 따라 나오고, 참값모눈이 같다. 만일 두 문장 P와 Q가 뜻이 같다면 P를 쓰는 자리에 Q를 써도 되고 Q를 쓰는 자리에 P를 써도 된다. 우리는 이를 공리로 여긴다.

> 공리 05: 두 문장이 뜻이 같다면, 한 문장이 나타나는 곳이 어디든 그 문장 자리에 다른 문장을 바꾸어 넣어도 된다.

보기를 들어 P와 Q가 뜻이 같다면 다음 두 문장도 뜻이 같다.

> ㄱ. 만일 A이고 P이면 B
> ㄴ. 만일 A이고 Q이면 B

뜻이 같은 두 문장을 짝지어 놓은 규칙을 "같은 말 규칙" 또는 "동치 규칙"이라 한다. 같은 말 규칙을 "달리 쓰기 규칙", "바꿔 쓰기 규칙", "치환 규칙"이라고도 할 수 있다. 같은 말 규칙을 달리 쓰기 규칙이나 바꿔 쓰기 규칙이라 할 수 있는 까닭은 공리 05 덕분이다.

우리는 이제 이면의 참값모눈을 알기에 더 많은 달리 쓰기 규칙을 찾아낼 수 있다. 다음 둘은 때때로 쓸모가 있다.

- 이렇거나 저렇다면: 'X이거나 Y'이면, Z ≡ 'X이면 Z'이고, 'Y이면 Z'
- 이렇고 저렇다면: 'X이고 Y'이면, Z ≡ X이면, 'Y이면 Z'

이 규칙을 밝혀 보이는 길은 두 가지다. 하나는 참값모눈을 만들어 밝히는 길이고 다른 하나는 이미 얻은 달리 쓰기 규칙을 써서 밝히는 길이다.

040 이렇거나 저렇다면

'이렇거나 저렇다면' 규칙을 참값모눈을 써서 밝혀 보이려 한다.

세계	X	Y	Z	'X이거나 Y' 이면,	Z	'X이면 Z'	이고,	'Y이면 Z'
W₁	참	참	참	참	참 참	참	참	참
W₂	참	참	거	참	거 거	거	거	거
W₃	참	거	참	참	참 참	참	참	참
W₄	참	거	거	참	거 거	거	거	참
W₅	거	참	참	참	참 참	참	참	참
W₆	거	참	거	참	거 거	참	거	거
W₇	거	거	참	거	참 참	참	참	참
W₈	거	거	거	거	참 거	참	참	참

긴 문장의 참값을 셈하려고 'X이거나 Y'의 참값, Z의 참값, 'X이면 Z'의 참값, 'Y이면 Z'의 참값을 작은 글자로 써 두었다.

'이렇거나 저렇다면' 규칙을 이미 얻은 달리 쓰기 규칙들을 써서 밝힐 수 있다. 각 단계에 쓰인 달리 쓰기 규칙은 '이면 이거나 바꿈', '이거나 모아 거짓이다', '이거나 나눔', '이면 이거나 바꿈'이다.

　　'X이거나 Y'이면, Z ≡ 'X이거나 Y'는 거짓이거나, Z
　　　≡ 'X는 거짓이고 Y는 거짓이다'이거나, Z
　　　≡ 'X는 거짓이거나 Z'이고, 'Y는 거짓이거나 Z'
　　　≡ 'X이면 Z'이고, 'Y이면 Z'

'이렇고 저렇다면' 규칙도 이와 비슷하게 밝힐 수 있다. '이면 이거나 바꿈', '이고 모아 거짓이다', '이거나 새로 모음', '이면 이거나 바꿈', 다시 '이면 이거나 바꿈'을 차례대로 써서 다음을 얻을 수 있다.

　　'X이고 Y'이면, Z ≡ 'X이고 Y'는 거짓이거나, Z
　　　≡ 'X는 거짓이거나 Y는 거짓이다'이거나, Z
　　　≡ X는 거짓이거나, 'Y는 거짓이거나 Z'
　　　≡ X이면, 'Y는 거짓이거나 Z' ≡ X이면, 'Y이면 Z'

041 문장 논리

우리는 가장 먼저 공리 01 곧 "뜻을 가진 문장의 참값은 '참'과 '거짓' 가운데 하나다"를 믿었다. 그다음 참이다의 참값모눈과 거짓이다의 참값모눈을 공리 02와 03으로 받아들였다. 나아가 "따라 나온다"와 "마땅하다"를 정의한 뒤 마땅한 추론들의 본이 되는 기본 추론 규칙 I를 공리로 받아들였다.

문장 바꾸개	넣기	없애기
이고	I01. 이고 넣기	I02. 이고 없애기
이거나	I03. 이거나 넣기	I04. 이거나 없애기
이면	I05. 이면 넣기	I06. 이면 없애기
거짓이다	I07. 거짓이다 넣기	I08. 거짓이다 없애기

그다음 공리 04 곧 "기본 추론 규칙을 써서 전제로부터 결론을 차근차근 이끌어낸 모든 추론은 마땅하다"를 받아들였다.

기본 추론 규칙은 "거짓이다", "이고", "이거나", "이면"의 뜻을 잘 담고 있다. I01, I02, I08은 이고의 참값모눈과 거짓이다의 참값모눈으로부터 따라 나온다고도 볼 수 있다. 다른 추론 규칙 I들로부터 우리는 "이거나"의 참값모눈과 "이면"의 참값모눈을 알아낼 수 있었다. 우리가 자주 쓰는 문장 바꾸개의 참값모눈을 한자리에 간추리면 아래와 같다.

X	Y	X는 참이다.	X는 거짓이다.	X이고 Y	X이거나 Y	X이면 Y
참	참	참	거짓	참	참	참
참	거짓	참	거짓	거짓	참	거짓
거짓	참	거짓	참	거짓	참	참
거짓	거짓	거짓	참	거짓	거짓	참

공리, 정의, 기본 추론 규칙으로부터 우리는 파생 추론 규칙과 달리 쓰기 규칙을 추론할 수 있다. 지금까지 간추린 정의, 공리, 규칙으로 짜인 논리 체계를 "문장 논리" 또는 "명제 논리"라 한다. 문장들이 그 참값에 따라 뜻이 드러나고 서로 관계 맺기에 문장 논리를 "진리 함수 논리"라고도 한다.

042 명제

한 문장이 뜻을 갖는다면 그 문장은 한 명제를 표현한다. 이미 말했듯이 '명제'란 '문장이 가진 뜻' 곧 '문장의 뜻'이다. "문장 X는 명제를 표현한다"를 그냥 "문장 X는 명제다"라고 짧게 말하고자 한다. 우리는 문장과 명제의 관계에 관한 다음 공리를 받아들인다. 이를 "공리 P"라고 하겠다.

> 공리 P: 문장 X가 참이면 문장 X는 명제다. 문장 X가 거짓이면 문장 X는 명제다. 문장 X가 명제면, 문장 X는 참이거나 문장 X는 거짓이다.

우리는 공리 P와 규칙 I를 써서 다음을 추론할 수 있다.

> 만일 문장 X와 Y가 둘 다 명제면, 문장 "X는 참이다", 문장 "X는 거짓이다", 문장 "X이고 Y", 문장 "X이거나 Y", 문장 "X이면 Y"도 명제다.

달리 말해 명제들을 "이고", "이거나", "이면"으로 이은 것도 명제다.

공리 P를 받아들인다면 우리는 거짓말쟁이 역설에 휘말리지 않는다. 만일 "이 문장은 거짓이다"가 명제면 공리 P에 따라 "'이 문장은 거짓이다'는 참이거나 거짓이다"는 참이어야 한다. 하지만 잘 따져 보면 "'이 문장은 거짓이다'는 참이거나 거짓이다"는 참일 수 없을 뿐만 아니라 거짓일 수조차 없다. 여기서 우리가 추론 규칙을 쓸 수는 없지만 "'이 문장은 거짓이다'는 명제다"는 생각 자체가 잘못임을 깨닫는다. 물론 "이 문장은 거짓이다"는 문장일 수는 있다. 하지만 이 문장은 뜻을 가질 수 없다. 명제의 본모습을 탐구했던 20세기 철학자와 수학자들은 뜻을 가질 수 없는 가짜 명제에 홀렸다. 그들은 깊은 미로에서 오랫동안 헤맸고 거기서 빠져나오는 데 애를 먹었다. 그들은 '참이다'나 '거짓이다' 개념보다 '명제' 개념이 앞선다고 가정했다. 하지만 오히려 '명제' 개념보다 '참이다'와 '거짓이다' 개념이 더 앞선다. 참인 문장이 나타날 때 거기에 명제가 나타날 뿐이다.

043 이지만과 이면서

"이고"와 비슷한 뜻을 가진 낱말로는 "이며", "이면서", "또한" 따위가 있다. "인데", "일 텐데", "일 뿐만 아니라", "이지만"은 "이고"와 조금 다른 뜻을 갖는다. 이 낱말들은 앞말과 뒷말 사이에 말하는 이의 느낌을 담는다.

ㄱ. 모모는 똑똑하고 착하다.
ㄴ. 모모는 똑똑하지만 착하다.

문장 ㄱ을 말하는 이는 "모모는 똑똑하다"는 것과 "모모는 착하다"는 것 사이에 아무 느낌도 드러내지 않는다. 하지만 문장 ㄴ을 말하는 이는 "모모는 똑똑하다"는 것과 "모모는 착하다"는 것 사이에 약간의 느낌을 드러낸다. 똑똑한 이들은 흔히 착하지 않다고 믿는 이들은 ㄴ을 주로 말하게 될 것이다. 누군가 "코코는 예쁜데 똑똑하다"나 "코코는 예쁘지만 착하다"라고 말한다면 그는 그의 기분이나 예상을 "인데"나 "이지만"에 나타낸 셈이다. 말하는 이의 느낌, 기분, 추측, 예상을 우리의 헤아림에서 뺀다면 "인데", "일 텐데", "일 뿐만 아니라", "이지만"도 "이고"와 비슷하게 써도 괜찮다.

우리는 때때로 "이고", "하며", "이면서"를 쓸 때 앞말과 뒷말 사이에 동시 발생 또는 시간 순서를 넣는다.

ㄷ. 나나는 밥을 먹고 양치했다.
ㄹ. 추추는 음악을 들으며 공부했다.

문장 ㄷ은 "나나는 밥을 먹은 다음에 양치했다" 또는 "나나는 밥을 먹자마자 양치했다"를 뜻한다. 문장 ㄹ은 "추추는 음악을 들으면서 이와 함께 공부했다"를 뜻한다. 이것은 "이고"의 본디 뜻이 아니다. "하자마자", "한 다음에", "와 동시에" 따위를 써야 할 곳에 "이고"나 "이며"를 잘못 쓴 것으로 여겨야 한다. 시간 순서나 동시 발생을 뜻하는 "이고"를 우리가 자주 쓰기 때문에 글을 읽을 때 그 "이고"가 무슨 "이고"인지 잘 가려야 한다. 문장 논리에서 쓰는 "이고"는 앞말과 뒷말 사이에 아무 관계도 가정하지 않는다.

044 아니면

우리는 '이거나 이면 바꿈' 규칙에서 "이거나"와 "이면"이 가까운 사이라는 것을 알 수 있다. 이를 가장 잘 보여주는 낱말이 "아니면"이다. "아니면"은 "이거나"와 뜻이 똑같다. 이를 참값모눈을 써서 보이려 한다. 우리는 먼저 "X 아니면 Y"를 "X가 아니면 Y"로 이해한다. 그다음 "X가 아니면 Y"를 "X가 거짓이면 Y"로 이해한다. 이제 "X가 거짓이면 Y"의 참값모눈을 그리겠다. 문장 'X가 거짓이다'의 참값과 문장 Y의 참값을 작은 글자로 썼다.

X	Y	X가 거짓이면 Y
참	참	거 참 참
참	거짓	거 참 거
거짓	참	참 참 참
거짓	거짓	참 거 거

이렇게 "X가 거짓이면 Y"의 참값모눈은 '참' '참' '참' '거짓'인데 이것은 "X이거나 Y"의 참값모눈과 같다. "X가 거짓이면 Y"와 "X이거나 Y"의 참값모눈이 똑같기에 둘은 뜻이 똑같다. X와 Y 자리에 아무 문장 표현이 와도 되기에 결국 이것은 "가 거짓이면"과 "이거나"의 뜻이 같음을 말해준다.

"가 거짓이면"이 "가 아니면"과 뜻이 같고 "가 아니면"이 "아니면"과 뜻이 같다면 결국 "아니면"은 "이거나"와 뜻이 같다. 우리는 일상에서 "아니면"을 다음과 같이 쓴다.

　　내가 주로 먹는 것은 커피 아니면 콜라다.

이것은 "내가 주로 먹는 것은 커피가 아니면 내가 주로 먹는 것은 콜라다"를 줄인 말이다. 이것은 "내가 주로 먹는 것은 커피거나 내가 주로 먹는 것은 콜라다"이며 이는 "내가 주로 먹는 것은 커피거나 콜라다"로 줄일 수 있다. "아니면"이 "이거나"와 뜻이 같다면 "X 아니면 Y"는 "X와 Y 가운데 하나만 참이다"를 뜻하지 않는다. "이거나"를 뜻하는 말에는 "또는"도 있다. "또는"은 "또한"과 뜻이 다른데 "또한"은 "이고"를 뜻한다.

045 이어야

"해야" "어야" "이어야" "여야"는 무슨 뜻일까? 이 낱말들에 "만"을 덧붙여 "해야만" "어야만" "이어야만" "여야만"을 쓰기도 하는데 뜻이 달라지지는 않는다. "이어야" 문장을 "이면" 문장으로 바꾸려 한다. 먼저 "수아가 여대생이어야 수아는 여자다"는 참이지 않지만 "수아가 여자여야 수아는 여대생이다"는 참이다. 한편 "수아가 여자면 수아는 여대생이다"는 참이지 않지만 "수아가 여자가 아니면 수아는 여대생이 아니다"는 참이다. 참말들끼리 살펴보면 "수아가 여자여야 수아는 여대생이다"는 왠지 "수아가 여자가 아니면 수아는 여대생이 아니다"를 뜻하는 것 같다.

우리는 "해야" "해야만" "이어야" "여야만"의 뜻을 공리, 정의, 추론 규칙으로부터 이끌어낼 수는 없다. 다만 일상에서 쓰는 이 낱말들을 "이면"으로 바꾼다면 어떻게 바꿀 수 있을지를 살펴볼 뿐이다. 일상에서 "X해야 함" "X이어야 함" "X여야 함"은 "X가 있어야 함"을 뜻한다. "X가 있어야 함"은 "X가 없으면 안 됨" 또는 "X가 거짓이면 안 됨"을 말한다. 따라서 "X여야 Y"는 "X가 있어야 Y", "X가 없으면 Y가 아니다" 또는 "X가 거짓이면 Y는 거짓이다"로 바꿀 수 있다.

    X이어야 Y
    ≡ X가 참이어야 Y가 참이다.
    ≡ X가 거짓이면 Y는 거짓이다.
    ≡ Y이면 X

이에 따르면 "라라가 저소득층이어야 그는 국가장학금을 받을 수 있다"는 "라라가 저소득층이 아니라면 그는 국가장학금을 받을 수 없다"를 뜻한다. "사람은 산소가 있어야 사람은 살 수 있다"를 짧게 "사람은 산소가 있어야 살 수 있다"로 쓴다. 이는 "사람은 산소가 없다면 살 수 없다"로 바꿀 수 있다. 우리가 흔히 쓰는 말 "운동해야 살이 빠진다"는 "운동한다면 살이 빠진다"를 뜻하지 않고 "운동하지 않는다면 살이 빠지지 않는다"를 뜻한다.

046 이기 위해와 일지라도

"수아가 여자이기 위해 수아는 여대생이어야 한다"는 거짓이지만 "수아가 여대생이기 위해 수아는 여자여야 한다"는 참이다. 왠지 "수아가 여대생이기 위해 수아는 여자여야 한다", "수아가 여자여야 수아는 여대생이다", "수아가 여자가 아니면 수아는 여대생이 아니다"가 뜻이 같을 것 같다. 이 생각을 바탕으로 "X이기 위해 Y여야 한다"가 다음을 뜻한다고 말해도 되겠다.

> X이기 위해 Y여야 한다.
> ≡ X가 참이기 위해 Y가 참이어야 한다.
> ≡ Y가 참이어야 X는 참이다. ≡ Y여야 X
> ≡ Y가 거짓이면 X는 거짓이다. ≡ X이면 Y

실제로 일상에서 "운동해야 살이 빠진다"를 "살을 빼기 위해 운동해야 한다"로 쓰곤 한다. "운동해야"를 그대로 살리고 "살이 빠진다"를 "살이 빠지기 위해" 또는 "살을 빼기 위해"로 바꾸어 앞말로 보냈다. 이 점에서 "이기 위해"는 "해야"나 "여야"의 뒷말을 앞말로 보내는 낱말처럼 보인다. 또 흔히 "이기 위해" 대신에 "이려면"을 쓴다. 보기로 "살을 빼기 위해 운동해야 한다"는 "살을 빼려면 운동해야 한다"로 바꿀 수 있다. 이러한 쓰임새는 "X이기 위해 Y여야 한다"가 "X이려면 Y여야 한다" 또는 "X이면 Y"를 뜻한다는 점을 잘 보여준다.

"네가 일자리를 잃더라도 나는 너를 사랑한다"는 무엇을 뜻하는가? 이 말에는 "너는 일자리를 잃는다"는 뜻도 "너는 일자리를 잃지 않는다"는 뜻도 담기지 않았다. 이 말 안에는 오히려 "'네가 일자리를 잃는다'가 참이든 거짓이든, 나는 너를 사랑한다"는 뜻이 담겼다. 달리 말해 "X일지라도 Y"는 "X의 참값에 아랑곳하지 않고 Y는 참이다"를 뜻한다. 간추려 말해 "X일지라도 Y"는 Y를 뜻한다. "X일지라도 Y"나 "X이더라도 Y"는 새로운 정보 X를 담기보다 Y를 힘주어 말하는 일을 맡는다. 다만 "X이면, Y는 거짓이다"가 예상되는 상황에서 Y를 주장할 때 "X일지라도 Y"를 쓰곤 한다.

047 충분조건과 필요조건 하루

'참이 되기 위해 넉넉한 조건'을 "충분조건"이라 한다. 내가 강물에 뛰어든다면 내 옷이 흠뻑 젖는다. 우리는 여기에 "넉넉히"나 "충분히"라는 어찌씨를 넣어도 괜찮다. 내가 강물에 뛰어든다면 충분히 내 옷이 흠뻑 젖는다. 그리하여 "나는 강물에 뛰어든다"는 "내 옷이 흠뻑 젖는다"의 충분조건이다. 달리 말해 내가 강물에 뛰어드는 것은 내 옷이 흠뻑 젖기 위한 충분조건이다. 전문용어 "충분조건"을 써서 "X이면 Y"를 달리 쓰면 다음과 같다.

    X이면 Y
    ≡ X는 Y를 충분히 참이 되게 한다.
    ≡ X는 Y가 참이 되기 위한 충분조건이다.
    ≡ X는 Y의 충분조건이다.

만일 "우리가 운동한다면 우리에게 힘살이 생긴다"가 참이면 '우리가 운동한다'는 '우리에게 힘살이 생긴다'의 충분조건이다.
    "Y여야 X"와 "X이기 위해 Y여야 한다"는 "X가 참이기 위해 Y의 참임이 있어야 한다"고 주장한다. '참이기 위해 있어야 하는 조건'을 "필요조건"이라 한다. 이곳에 산소가 없다면 나는 이곳에서 살 수 없다. 곧 "이곳에 산소가 있다"는 "나는 이곳에서 살 수 있다"가 참이기 위해 필요하다. 달리 말해 "이곳에 산소가 있다"는 "나는 이곳에서 살 수 있다"의 필요조건이다. "필요조건"을 써서 "Y가 거짓이면 X는 거짓이다"를 달리 쓸 수 있다.

    Y가 거짓이면 X는 거짓이다. ≡ Y가 참이어야 X는 참이다.
    ≡ Y는 X가 참이 되기 위해 필요하다.
    ≡ Y는 X가 참이 되기 위한 필요조건이다.
    ≡ Y는 X의 필요조건이다.

만일 "우리가 운동해야 우리 살이 빠진다"가 참이면 '우리가 운동한다'는 '우리 살이 빠진다'의 필요조건이다.

048 | 충분조건과 필요조건 이틀

조건 A가 조건 Z의 충분조건이라 해도 그것이 Z의 필요조건은 아닐 수 있다. 조건 A가 Z의 필요조건이라 해도 그것이 Z의 충분조건은 아닐 수 있다. 하지만 만일 "A이면 Z"와 "Z이면 A"가 둘 다 참이면 A는 Z의 필요충분조건이다. A가 Z의 충분조건이라 해도 A 말고 다른 조건이 Z의 충분조건일 수 있으며 A가 Z의 필요조건이라 해도 A 말고 다른 조건이 Z의 필요조건일 수 있다. "A이면 Z이고 B이면 Z"는 "만일 A이거나 B이면 Z"와 뜻이 같다. 따라서 만일 A가 Z의 충분조건이고 B가 Z의 충분조건이면 'A이고 B'가 Z의 충분조건이 되겠지만 'A이거나 B'도 Z의 충분조건이다. "A가 거짓이면 Z가 거짓이고 B가 거짓이면 Z는 거짓이다"는 "만일 'A이고 B'가 거짓이면 Z는 거짓이다"와 뜻이 같다. 따라서 만일 A가 Z의 필요조건이고 B가 Z의 필요조건일 때 오직 그때만 'A이고 B'는 Z의 필요조건이다.

    "A이면 Z"는 참이지만 "B이면 Z"는 거짓이라 가정하겠다. "만일 A이고 B이면 Z"는 참이기에 'A이고 B'도 Z의 충분조건이다. Z의 충분조건으로서 'A이고 B'에서 부분 A만으로도 Z의 충분조건이기에 부분 A는 Z의 충분조건 'A이고 B'의 충분요소다. 'A이고 B'에서 부분 A가 없으면 'A이고 B'는 Z의 충분조건이지 않기에 부분 A는 Z의 충분조건 'A이고 B'의 필수요소다. 반면 Z의 충분조건 'A이고 B'에서 부분 B는 충분요소도 아니고 필수요소도 아니다. 이제 C는 Z의 충분조건이 아니고 D도 Z의 충분조건이 아니지만 'C이고 D'는 Z의 충분조건이라고 가정하겠다. 이 경우 Z의 충분조건 'C이고 D'에서 부분 C는 필수요소지만 충분요소는 아니다. 나아가 'C이고 D' 말고 Z의 다른 충분조건이 있고 'C이고 D'가 Z의 필요조건은 아니라고 가정하겠다. 달리 말해 'C이고 D'는 Z의 불필요 충분조건이다. Z의 불필요 충분조건 'C이고 D'의 부분 C는 필수요소지만 충분요소는 아니다. 이러한 조건 C를 Z의 "불필요 충분조건의 불충분 필수요소"라 한다. 이를 흔히 "INUS"로 약칭한다. 전기 합선 사건이 화재 사건의 INUS일 때 우리는 "전기 합선은 화재의 원인이다"고 말하곤 한다.

049 반사실 조건문

그냥 이면의 참값모눈에 따르면 ㄱ이 거짓이고 ㄴ이 참일 때 "ㄱ이면 ㄴ"은 참이다. "나는 새다"는 거짓이고 "나는 날 수 없다"는 참이지만 우리는 "내가 새라면 나는 날 수 없다"를 거짓으로 여긴다. 대신 "내가 새라면 나는 날 수 있다"를 참으로 여긴다. 이러한 이면문장을 "반사실 이면문장" 또는 "반사실 조건문"이라 한다. 반사실 이면문장은 '사실에 반대되는 것' 곧 '반사실'을 이면 앞말에 놓은 뒤 지금과 반대되는 사실을 이면 뒷말에 놓는다.

반사실 이면문장 "X이면 Y" 또는 "X였더라면 Y일 텐데"를 그 뜻이 또렷한 말로 굳이 바꾼다면 "'X이면 Y'이고 Y는 거짓이다"로 바꿔야 할 것 같다. 이 문장은 "X는 거짓이고 Y도 거짓이다"와 뜻이 같다.

세계	X	Y	그냥 이면 X이면 Y	반사실 이면 'X이면 Y'이고 Y는 거짓이다.
W_1	참	참	참	거짓
W_2	참	거	거짓	거짓
W_3	거	참	참	거짓
W_4	거	거	참	참

반사실 이면문장 "X이면 Y"는 X와 Y가 둘 다 거짓인 세계에서만 참이다. 우리 세계에서 "세종이 한글을 만들지 않았다"는 거짓이고 "우리말을 글로 남기는 데 쉽지 않다"도 거짓이다. 이 세계에서 "세종이 한글을 만들지 않았더라면 우리말을 글로 남기는 데 쉽지 않았을 텐데"는 참이다. 이 문장은 "사실을 말하자면 세종은 한글을 만들었고 우리말을 글로 남기는 데 쉽다"를 뜻한다.

한편 "나는 새다"와 "나는 광합성할 수 있다"는 거짓이지만 그렇다고 "내가 새였더라면 나는 광합성할 수 있을 텐데"가 참이지는 않다. "내가 새였더라면 나는 날 수 있을 텐데"를 말하는 이는 "나는 새다"로부터 "나는 날 수 있다"가 반드시 또는 아마도 따라 나온다고 믿는다. "나는 새다"로부터 "나는 광합성할 수 있다"가 반드시든 아마도든 따라 나오지 않기에 반사실 이면문장 "내가 새였더라면 나는 광합성할 수 있을 텐데"는 거짓이다.

050 모순 관계

이미 배운 "따라 나온다", "서로 따라 나온다", "뜻이 같다"는 문장들 사이의 관계다. 지금 배울 것은 모순 관계인데 많은 이들이 모순문장과 모순 관계를 헷갈린다. 모순문장은 참값을 갖는 문장이고 모순 관계는 참값을 갖는 두 문장 사이의 관계다. 우리는 문장에 "는 참이다"나 "는 거짓이다"를 붙일 수 있다. 하지만 문장과 문장의 관계를 두고 거기에 "는 참이다"나 "는 거짓이다"를 매기지 않는다. 다만 문장들 사이의 관계를 나타내는 문장에는 "는 참이다"나 "는 거짓이다"를 붙일 수 있다.

문장 X와 문장 "X는 거짓이다"는 생각할 수 있는 모든 세계에서 참값이 다르다. 이 관계를 "어긋난다" 또는 "모순이다"고 한다. "서로"를 넣어 "서로 모순이다" 또는 "서로 모순 관계에 있다"고 하면 덜 헷갈린다.

정의: "문장 P와 Q는 모순이다"는 "생각할 수 있는 모든 세계에서 P와 Q의 참값이 다르다"를 뜻한다.

서로 모순인 두 문장은 모순 관계를 맺는다. 다음 두 문장은 서로 모순이다.

A	B	A이고, B는 거짓이다.	A이면 B
참	참	거짓	참
참	거짓	참	거짓
거짓	참	거짓	참
거짓	거짓	거짓	참

우리가 흔히 쓰는 "부정이다"는 "모순이다"와 뜻이 같다. "A이면 B"의 부정은 "A이고, B는 거짓이다"다. "A이고, B는 거짓이다"의 부정은 "A이면 B"다. 한편 문장 A와 문장 "A는 거짓이고 B"를 "이고"로 이으면 문장 "A이고, A는 거짓이고, B"가 된다. 이 문장은 항위문장 곧 반드시 거짓말이다. 하지만 문장 A와 문장 "A는 거짓이고 B"는 모순 관계를 맺지 않는다. 모순문장들은 모두 서로 뜻이 같기에 모순문장들끼리는 모순 관계를 맺지 않는다. 하지만 반드시 참말과 반드시 거짓말은 서로 모순 관계를 맺는다.

051 일관 관계

"세종은 한글을 만들지 않았다"와 "이순신은 울돌목 싸움에서 졌다"는 모두 우리 세계에서 거짓이다. 하지만 우리는 둘 모두가 참인 세계를 생각할 수 있다. 두 문장이 이런 관계를 맺을 때 "나란하다", "일관된다", "양립할 수 있다", "양립가능하다", "상충되지 않는다"고 한다. "서로"를 넣어 "서로 일관된다"를 쓰면 덜 헷갈린다.

> **정의**: "문장 P와 Q는 일관된다"는 "P와 Q가 둘 다 참인 세계를 생각할 수 있다"를 뜻한다.

서로 일관된 문장들은 일관 관계를 맺는다. 모순 관계는 두 문장 사이의 관계지만 일관 관계는 둘 이상 문장들 사이의 관계다. 둘 넘는 여러 문장이 모두 참인 세계를 생각할 수 있을 때 이들 문장은 일관된다.

보기로 "내가 똑똑하면 나는 잘산다"와 "내가 똑똑하면 나는 잘살지 못한다"가 일관되는지 그렇지 않은지 참값모눈을 그려 따져 보겠다. 아래에서 "나는 똑똑하다"를 A로 쓰고 "나는 잘산다"를 B로 썼다.

A	B	A이면 B	A이면, B는 거짓이다.
참	참	참	거짓
참	거짓	거짓	참
거짓	참	참	참
거짓	거짓	참	참

우리 세계가 어느 세계든 여하튼 우리는 "A이면 B"와 "A이면, B는 거짓이다"가 둘 다 참인 세계를 생각할 수 있다. 따라서 두 문장은 일관된다.

세계에 따라 바뀌지 않는 관계를 "반드시 관계" 또는 "논리 관계"라 한다. 두 문장이 한 세계에서 모순 관계를 맺으면 생각할 수 있는 다른 모든 세계에서도 모순 관계를 맺는다. 마찬가지로 문장들이 한 세계에서 일관 관계를 맺으면 생각할 수 있는 다른 모든 세계에서도 일관 관계를 맺는다. 물론 따라 나오는 관계와 서로 따라 나오는 관계도 반드시 관계다.

052 비일관 관계

"문장 P와 Q는 일관되지 않다"는 "P와 Q가 둘 다 참인 세계를 생각할 수 없다"를 뜻한다. "일관되지 않다"를 다른 말로 "비일관된다", "양립할 수 없다", "상충한다", "배타적이다"고 한다. 비일관된 문장들은 비일관 관계를 맺는다. 비일관 관계도 반드시 관계인데 문장들이 비일관 관계를 맺으면 생각할 수 있는 다른 모든 세계에서도 비일관 관계를 맺는다. 문장 "A이고, B는 거짓이다"와 문장 "A는 거짓이고 B"의 참값모눈을 그려 보겠다.

A	B	A이고, B는 거짓이다.	A는 거짓이고 B
참	참	거짓	거짓
참	거짓	참	거짓
거짓	참	거짓	참
거짓	거짓	거짓	거짓

두 문장이 모두 참인 세계를 생각할 수 없으니 두 문장은 일관되지 않다. 두 문장은 비일관 관계에 있지만 이들은 서로 모순 관계에 있지 않다.

　　　　모순 관계를 맺는 두 문장은 일관되지 않다. 둘은 생각할 수 있는 모든 세계에서 참값이 다르기에 둘이 함께 참인 세계를 생각할 수 없다. 하지만 일관되지 않은 두 문장이 늘 서로 모순 관계를 맺는 것은 아니다. 비일관 관계에 있다 해도 두 문장이 함께 거짓인 세계가 있다면 두 문장은 모순 관계를 맺지 않는다. 반드시 거짓말들은 뜻이 같아 서로 따라 나온다. 반드시 거짓말들은 생각할 수 있는 모든 세계에서 거짓이기에 반드시 거짓말들끼리는 비일관 관계를 맺는다. 앞에서 배웠듯이 반드시 거짓말로부터 아무 문장이 따라 나온다. 하지만 반드시 거짓말과 아무 문장이 함께 참인 세계는 생각할 수 없기에 두 문장은 비일관 관계를 맺는다. 따라서 P와 Q가 뜻이 같다고 해서 또는 P로부터 Q가 따라 나온다고 해서 P와 Q가 일관된다고 말하는 것은 성급하다. 두 문장 P와 Q가 일관되지 않다면 다음 셋 가운데 하나다. (i) 둘은 서로 모순 관계에 있다. (ii) 둘 가운데 적어도 하나는 반드시 거짓말이다. (iii) 하나가 참이면 반드시 다른 하나는 거짓이다.

053 못마땅하다

"마땅하다"는 '전제들이 모두 참이고 결론이 거짓인 세계를 생각할 수 없다'를 뜻한다. 이 때문에 "못마땅하다" 또는 "마땅하지 않다"는 '전제들이 모두 참이고 결론이 거짓인 세계를 생각할 수 있다'를 뜻한다. "못마땅하다"를 다른 말로 "부당하다"고 한다. 한 추론이 못마땅할 때 오직 그때만 그 추론의 전제로부터 결론이 따라 나오지 않는다. 추론 "라이프니츠는 수학자거나 철학자다. 라이프니츠는 수학자다. 따라서 라이프니츠가 철학자다는 거짓이다"는 못마땅하다. 이를 참값모눈을 그려 밝히려 한다. 아래에서 A는 "라이프니츠는 수학자다"고 B는 "라이프니츠는 철학자다"다.

세계	A	B	전제들		결론
			A이거나 B	A	B는 거짓이다.
W_1	참	참	참	참	거짓
W_2	참	거짓	참	참	참
W_3	거짓	참	참	거짓	거짓
W_4	거짓	거짓	거짓	거짓	참

전제들이 모두 참인 세계는 W_1과 W_2다. 이 가운데 세계 W_1에서 결론은 거짓이다. 이처럼 이 추론의 경우 전제들이 모두 참이고 결론이 거짓인 세계가 있다. 따라서 이 추론은 못마땅하다. "못마땅하다"는 전제와 결론의 관계를 나타내는 말이며 반드시 관계를 나타낸다. 이 때문에 한 세계에서 못마땅한 추론은 생각할 수 있는 다른 모든 세계에서도 못마땅하다.

추론 "라이프니츠는 수학자거나 철학자다. 라이프니츠는 수학자다. 따라서 라이프니츠가 철학자다는 거짓이다"뿐만 아니라 "X이거나 Y. X. 따라서 Y는 거짓이다" 꼴의 모든 추론도 못마땅하다. 일상에서 우리는 이와 같은 못마땅한 추론을 자주 저지른다. 이 같은 잘못된 추론을 "잘못된 이거나 없애기"라 한다. 추론 "이 오리너구리는 알을 낳거나 새끼에게 젖을 먹인다. 이 오리너구리는 새끼에게 젖을 먹인다. 따라서 이 오리너구리는 알을 낳지 않는다"는 잘못된 이거나 없애기를 저질렀다.

054 형식오류

'잘못된 이거나 없애기'처럼 우리는 때때로 마땅한 추론의 꼴과 비슷하지만 사실은 못마땅한 추론의 꼴을 쓴다. 이와 같은 잘못을 "형식오류" 또는 "잘못된 틀 쓰기"라 한다. 아래 모눈에 몇 가지 형식오류들을 간추렸다.

이름	잘못된 틀	
잘못된 이고 넣기	1. X 따라서 X이고 Y	1. X 따라서 Y이고 X
잘못된 이거나 없애기	1. X이거나 Y 2. X 따라서 Y는 거짓이다.	1. X이거나 Y 2. Y 따라서 X는 거짓이다.
잘못된 이면 없애기 _{선언무정의 오류}	1. X이면 Y 2. X는 거짓이다. 따라서 Y는 거짓이다.	
잘못된 뒤로 이면 없애기 _{후건긍정의 오류}	1. X이면 Y 2. Y 따라서 X	
잘못된 이면 잇기	1. X이면 Y 2. Y이면 Z 따라서 Z	

이들 추론의 꼴을 따르는 추론은 모두 못마땅하다.

'잘못된 이면 없애기'가 못마땅한 추론의 본임을 참값모눈을 써서 밝혀 보겠다. 다음 X와 Y는 뜻을 갖는 문장 또는 문장 표현이다.

세계	X	Y	전제들		결론
			X이면 Y	X는 거짓이다.	Y는 거짓이다.
W_1	참	참	참	거짓	거짓
W_2	참	거짓	거짓	거짓	참
W_3	거짓	참	참	참	거짓
W_4	거짓	거짓	참	참	참

세계 W_3처럼 전제들이 모두 참이지만 결론이 거짓인 세계가 있다. 이는 이 추론의 꼴이 못마땅함을 뜻한다. 다른 형식오류도 이같이 밝힐 수 있다.

055 참임과 마땅함

'마땅함'과 '못마땅함'은 전제와 결론의 관계다. 달리 말해 추론의 전제와 결론이 무슨 관계를 맺느냐에 따라 그 추론은 마땅하거나 못마땅하다. 그 관계는 우리 세계나 특정 세계에서 전제들의 참값이나 결론의 참값에 따라 맺어지지 않는다. 그 관계는 생각할 수 있는 모든 세계에서 전제들의 참값과 결론의 참값에 따라 맺어진다. 전제와 결론 사이의 관계로서 '마땅함'과 '못마땅함'은 반드시 관계다. 다시 말해 한 세계에서 마땅한 추론은 생각할 수 있는 다른 모든 세계에서도 마땅하며, 한 세계에서 못마땅한 추론은 생각할 수 있는 다른 모든 세계에서도 못마땅하다. '마땅함'과 '못마땅함'은 우리가 어느 세계에 사느냐에 아랑곳하지 않는다. '마땅함'과 '못마땅함'은 전제들이 우리 세계에서 실제로 참이냐 거짓이냐에 따라 그리고 결론이 우리 세계에서 실제로 참이냐 거짓이냐에 따라 결정되지 않는다.

추론의 전제들과 결론이 모두 실제로 참이어도 그 추론은 못마땅할 수 있으며, 추론의 전제들과 결론이 모두 실제로 거짓이어도 그 추론은 마땅할 수 있다. 몇 가지 보기를 들어보려 한다.

가. 샛별은 금성이다. BTS는 케이팝 그룹이다. 따라서 나는 예쁘다.
나. 모든 철학자는 똑똑하다. 따라서 플라톤은 철학자다.
다. 눈은 희다. 소금은 짜다. 따라서 세종대왕은 한글을 만들었다.
라. 세종은 임금이다. 세종은 여자다. 따라서 세종은 여자 임금이다.
마. 소금은 달다. 설탕은 짜다. 따라서 눈은 희거나 희지 않다.
바. 소금은 달다. 설탕은 짜다. 따라서 소금은 달고 설탕은 짜다.

추론 가는 전제들이 모두 실제로 참이지만 못마땅하다. 추론 나는 결론이 실제로 참이지만 못마땅하다. 추론 다는 전제들과 결론이 모두 실제로 참이지만 못마땅하다. 추론 라는 실제로 거짓인 전제가 섞여 있지만 마땅하다. 추론 마는 전제들이 모두 실제로 거짓이고 결론은 실제로 참이지만 마땅하다. 추론 바는 전제들과 결론이 모두 실제로 거짓이지만 마땅하다.

056 튼튼하다

마땅한 추론은 전제들이 참이고 결론이 거짓일 수 없음을 보장한다. 하지만 마땅한 추론은 결론이 실제로 참임을 보장하지 못한다. 추론의 결론이 실제로 거짓이어도 그 추론은 마땅할 수 있기 때문이다. 학문에서 추론을 쓰는 이들은 추론을 거쳐 앎 또는 참인 믿음을 얻고자 한다. 마땅한 추론은 우리를 참인 믿음에 데려다주지 않는다. 참인 믿음에 이르게 하는 추론은 따로 있다. 그것은 '튼튼한 추론'인데 튼튼한 추론은 다음과 같이 정의된다.

> **정의**: "추론이 튼튼하다"는 "추론이 마땅하고 전제들이 모두 우리 세계에서 참이다"를 뜻한다.

"튼튼하다"를 다른 말로 "건전하다"라 한다. "우리 세계에서"를 "실제로"로 바꿔 쓸 수 있다. 이 정의에 따르면 못마땅한 추론은 튼튼하지 않다. 전제들 가운데 하나가 실제로 거짓인 추론은 튼튼하지 않다.

한 튼튼한 추론을 A라고 하겠다. 먼저 추론 A는 튼튼하기에 그 전제들은 우리 세계에서 참이다. 한편 추론 A는 마땅하기에 추론 A의 전제들이 참이고 그 결론이 거짓인 세계는 없다. 다시 말해 추론 A의 전제들이 참인 세계에서는 결론도 참이다. 따라서 추론 A의 결론도 우리 세계에서 참이다. 결국 우리는 다음과 같은 정리를 얻는다.

> **정리**: 튼튼한 추론의 결론은 우리 세계에서 참이다.

튼튼한 추론은 앎 또는 참인 믿음을 얻으려고 추론을 쓰는 이들에게 딱 맞는 연장이다. 데카르트는 모든 학문을 튼튼한 추론 위에 세우려 했다.

우리 세계에서 튼튼한 추론이 다른 세계에서는 안 튼튼할 수 있다. 우리 세계에서 안 튼튼한 추론이 다른 세계에서는 튼튼할 수 있다. 이는 '튼튼함'이 전제와 결론의 반드시 관계가 아님을 뜻한다. "한 추론의 전제들은 우리 세계에서 참이다"는 논리 관계가 아니기에 '튼튼함'도 논리 관계가 아니다. 튼튼한 추론에는 특정 세계 곧 우리 세계에 관한 정보가 담겼다.

057 홀문장과 두루문장

문장은 크게 임자말과 풀이말로 이뤄졌다. 임자말에는 주로 이름이 쓰인다. 이름은 크게 홀이름, 두루이름, 모임이름으로 나눌 수 있다.

홀이름 단칭어	어느 한 사물을 가리킨다.
두루이름 일반어	비슷한 사물을 하나하나 부른다.
모임이름 집합명사	여러 사물들의 모임을 가리킨다.

"왕건"은 홀이름이고 "임금"은 두루이름이며 "대한민국 국회"는 모임이름이다. 홀이름과 두루이름은 매우 다르니 둘의 쓰임새를 눈여겨봐야 한다. 이 점에서 두 가지 문장을 가려야 한다.

홀문장 단칭문장	임자말 자리에 홀이름이 자리하는 문장
두루문장 일반문장	임자말 자리에 두루이름이 자리하는 문장

모임이름은 홀이름과 비슷하게 쓰인다. "대한민국 국회는 남북의 평화통일을 바란다"는 홀문장으로 여겨도 된다. 우리는 두루이름에 "이" "그" "저" 따위를 써서 홀이름을 새로 만들 수 있다. "그 임금"이나 "저 사람"은 홀이름이기에 "저 사람은 똑똑하다"는 홀문장이다.

　　비슷하게 생긴 문장들 "왕건은 하늘이다", "군자는 모두 하늘이다", "사람은 하늘이다"를 하나하나 뜯어보면 모두 얼개가 다르다. "왕건은 하늘이다"는 홀이름 "왕건"이라 불리는 개체가 세계에 있고 바로 그 개체가 갈래 '하늘임'에 들어감을 말한다. "군자는 모두 하늘이다"에서 "군자"와 "하늘"은 두루이름으로 쓰였다. 이 문장은 "군자"라 불리는 개체가 있음을 말하지 않는다. 다만 갈래 '군자임'에 들어가는 것이 갈래 '하늘임'에 들어감을 뜻한다. "군자는 모두 하늘이다"에 따르면 만일 내가 군자면 나는 하늘이다. 하지만 "사람은 하늘이다"에서 "사람"이 모임이름으로 쓰였다면 이는 나도 하늘임을 말해주지 않는다. 이 경우 "사람은 하늘이다"는 다만 개체들로 이뤄진 모임 '사람'이 하늘임을 말해줄 뿐이다. 이들 문장에서 "하늘"이 홀이름으로 쓰였다면 "사람은 모두 하늘이다"는 문법을 어겼다. 하지만 "사람"이 모임이름으로 쓰인 "사람은 하늘이다"와 홀문장 "왕건은 하늘이다"는 문법을 어기지 않았다. 이처럼 이름의 갈래에 따라 "이다"의 쓰임새도 달라진다.

058 모든몇몇문장

임자말 자리에 오는 이름에 따라 문장의 얼개가 달라진다.

    ㄱ. 샛별은 금성이다.
    ㄴ. 샛별은 행성이다.
    ㄷ. 태아는 사람이다.

문장 ㄱ과 ㄴ은 홑문장이고 ㄷ은 두루문장이다. 문장 ㄱ에서 "샛별"와 "금성"은 둘 다 홑이름이고 여기서 "_은 _이다"는 "_은 _와 똑같다"를 뜻한다. 문장 ㄴ에서 "이다"는 두루이름 "행성"을 풀이말로 만드는 토씨다. 두루이름에 '이다'를 붙임으로써 이를 풀이말로 쓸 수 있다. 문장 ㄷ에서 "태아"와 "사람"은 모두 두루이름이다. "모든 태아는 사람이다"나 "태아는 모두 사람이다"를 짧게 "태아는 사람이다"고 쓴다. 하지만 때때로 "몇몇 태아는 사람이다"를 짧게 "태아는 사람이다"고 쓰기도 한다. 헷갈림을 줄이려면 "모든"이나 "몇몇"을 또렷이 드러내 써야 한다. "모든 태아는 사람이다"나 "몇몇 태아는 사람이다" 따위 문장을 "모든몇몇문장" 또는 "정언문장"이라 한다.

    두루문장들 가운데 특히 모든몇몇문장은 일상뿐만 아니라 학문에서도 매우 자주 쓴다. 이 때문에 학문이 처음 태어날 때부터 이 문장의 얼개를 깊이 따져 물었다. 모든몇몇문장은 크게 넷으로 나뉜다.

모든문장	모두 그렇다 전칭긍정	모든 S는 P다.
	모두 아니다 전칭부정	모든 S는 P가 아니다.
몇몇문장	몇몇 그렇다 특칭긍정	몇몇 S는 P다.
	몇몇 아니다 특칭부정	몇몇 S는 P가 아니다.

여기서 S와 P는 문장을 나타내지 않고 두루이름을 나타낸다. 두루이름을 말꼴로 나타낼 때 대문자를 쓰고 홑이름은 소문자를 쓴다. 말꼴이 이름을 나타내는지 문장을 나타내는지 앞으로 잘 가려야 한다. "모든 S는 P가 아니다"는 "'모든 S는 P다' 가 아니다"를 뜻하지 않고 오히려 "모든 S는 P 아닌 것이다"를 뜻한다. 마찬가지로 "몇몇 S는 P가 아니다"는 "몇몇 S는 P 아닌 것이다"를 뜻한다. "몇몇"은 흔히 "어떤"이나 "일부"로 달리 쓴다.

059 모든 넣기와 모든 없애기

"이고", "이거나", "이면" 따위로 이어진 문장을 "겹문장"이라 하고 그렇지 않은 문장을 "홑문장"이라 한다. 우리는 문장 논리에서 추론을 이루는 문장을 홑문장, "는 참이다", "는 거짓이다", "이고", "이거나", "이면" 따위로 쪼갬으로써 홑문장과 문장 바꾸개들 사이의 말길을 찾아냈다. 이제 우리는 문장을 임자말, 풀이말, "이다", "아니다", "모든", "몇몇" 따위로 더 잘게 쪼갬으로써 새로운 말길을 찾을 것이다. 이 말길은 4가지 기본 추론 규칙으로 간추릴 수 있다. "모든"과 "몇몇"을 "모든몇몇씨" 또는 "양화사"라 한다.

모든몇몇씨	넣기	없애기
모든	I09. 모든 넣기	I10. 모든 없애기
몇몇	I11. 몇몇 넣기	I12. 몇몇 없애기

이로써 기본 추론 규칙 I는 모두 12개로 늘었다. 문장과 풀이말들 사이의 말길을 "술어 논리" 또는 "양화 논리"라 한다.

"모든 넣기"를 "보편 일반화"라 하고 "모든 없애기"를 "보편 예화"라 하는데 이 추론의 꼴들은 다음과 같다. 아래에서 S와 P는 두루이름이다.

모든 넣기	무엇이든 x는 P다. 따라서 모든 것은 P다.	무엇이든 만일 x가 S면 x는 P다. 따라서 모든 S는 P다.
모든 없애기	모든 것은 P다. 따라서 a는 P다. 모든 것은 P다. 따라서 x는 P다.	모든 S는 P다. 따라서 만일 a가 S면 a는 P다. 모든 S는 P다. 따라서 만일 x가 S면 x는 P다.

여기서 홀이름 a는 "김구"나 "한강"처럼 특정 한 사물을 가리키는데 "붙박이 홀이름" 또는 "상항"이라 한다. 홀이름 x는 아무 한 사물을 가리키며 "풀린 홀이름" 또는 "변항"이라 한다. 풀린 홀이름은 한 사물을 가리키지만 한 사물에 매이지 않고 이 사물 저 사물로 옮겨 다닐 수 있다. 풀린 홀이름을 말꼴로 나타낼 때는 소문자로 x, y, z 따위를 쓴다. "P다" 자리에 "예쁘다"나 "움직이다" 따위 낱말이 올 때도 이를 두루이름으로 여겨도 된다.

060 "모든"의 뜻

우리는 "모든 것은 바뀐다"로부터 "이 돌덩이는 바뀐다"가 따라 나온다고 믿는다. 여기서 "이 돌덩이"는 붙박이 홀이름이다. "이"는 이 낱말을 쓸 때마다 하나의 사물만을 꼬집는다. 이뿐만 아니라 우리는 "모든 것은 P다. 따라서 a는 P다" 꼴의 추론이 마땅하다고 믿는다. 붙박이 홀이름 a 자리에 풀린 홀이름 x를 넣어 만든 "모든 것은 P다. 따라서 x는 P다" 꼴의 추론도 마땅할 것 같다. 나아가 우리는 "모든 사람은 헤아릴 줄 안다"로부터 "만일 내가 사람이면 나는 헤아릴 줄 안다"가 따라 나온다고 믿는다. 이뿐만 아니라 우리는 "모든 S는 P다. 따라서 a가 S면 a는 P다" 꼴과 "모든 S는 P다. 따라서 x가 S면 x는 P다" 꼴의 추론이 마땅하다고 믿는다. 이렇게 우리는 '모든 없애기' 규칙을 받아들인다. 우리가 이것을 받아들인 것은 우리가 어렴풋이 아는 "모든"의 뜻 때문이다.

우리는 "x가 무엇이든 x는 P다"로부터 "모든 것은 P다"가 따라 나오리라 믿는다. 이것은 "무엇이든 x는 P다. 따라서 모든 것은 P다" 꼴의 추론이 마땅함을 믿는 것과 같다. 우리는 "x가 무엇이든 만일 x가 S면 x는 P다"로부터 "모든 S는 P다"가 따라 나오리라 믿는다. 이것은 "무엇이든 만일 x가 S면 x는 P다. 따라서 모든 S는 P다" 꼴의 추론이 마땅함을 믿는 것과 같다. 이렇게 우리는 '모든 넣기' 규칙을 받아들이는데 이 또한 우리가 어렴풋이 아는 "모든"의 뜻 덕택이다. '모든 넣기'와 '모든 없애기'에 드러난 "모든"의 뜻은 이제 매우 또렷해졌다. "모든 S는 P다"로부터 "x가 무엇이든 만일 x가 S면 x는 P다"가 따라 나오고, "x가 무엇이든 만일 x가 S면 x는 P다"로부터 "모든 S는 P다"가 따라 나온다. 따라서 "모든 S는 P다"와 "x가 무엇이든 만일 x가 S면 x는 P다"는 뜻이 같다. 우리는 '모든 넣기'와 '모든 없애기'로부터 다음 정리를 얻는다. "x" 자리에 "그것"을 썼다.

- 모든 S는 P다. ≡ 무엇이든 만일 그것이 S면 그것은 P다.
- 어느 S도 P가 아니다. ≡ 모든 S는 P가 아니다. ≡ 무엇이든 만일 그것이 S면 그것은 P가 아니다.

061 몇몇 넣기와 몇몇 없애기

우리는 "몇몇 넣기"와 "몇몇 없애기"로부터 "몇몇"의 뜻을 또렷이 드러낼 수 있다. "몇몇 넣기"를 "존재 일반화"라 하고 "몇몇 없애기"를 "존재 예화"라 하는데 이 추론의 꼴들은 아래와 같다.

몇몇 넣기	a는 P다. 따라서 몇몇은 P다. x는 P다. 따라서 몇몇은 P다.	a는 S고 P다. 따라서 몇몇 S는 P다. x는 S고 P다. 따라서 몇몇 S는 P다.
몇몇 없애기	몇몇은 P다. 따라서 o는 P다.	몇몇 S는 P다. 따라서 o는 S고 P다.

다만 o는 아직 모르는 특정 개체를 가리키려고 새로 지은 붙박이 홀이름이다.

여기서 S와 P는 두루이름이며 a와 o는 붙박이 홀이름이고 x는 떠돌이 홀이름이다. 쓰는 데 가장 주의를 해야 할 이름은 o다.

   우리는 "몇몇은 예쁘다"는 생각으로부터 예쁜 한 개체를 떠올릴 수 있다. 이 개체한테 우리는 새로운 붙박이 홀이름 "이브"를 붙일 수 있다. 이 새 이름을 써서 우리는 "이브는 예쁘다"는 생각으로 나아갈 수 있다. 이를 추론으로 나타내면 다음과 같다. 다만 "이브"가 "몇몇은 예쁘다"로부터 떠오른 한 개체를 가리키려고 새로 지은 붙박이 홀이름임을 잊어서는 안 된다.

   몇몇은 예쁘다. 따라서 이브는 예쁘다.

결국 우리는 "몇몇은 P다"로부터 "o는 P다"가 따라 나온다고 믿는 셈이며 "몇몇은 P다. 따라서 o는 P다" 꼴의 추론이 마땅함을 받아들이는 셈이다. 마찬가지로 "몇몇 로봇은 착하다"는 생각으로부터 로봇이고 착한 한 개체를 떠올릴 수 있다. 이 개체한테 새 붙박이 홀이름 "라헬"을 붙여 우리는 "라헬은 로봇이고 착하다"는 생각으로 나아갈 수 있다. 이는 추론 "몇몇 로봇은 착하다. 따라서 라헬은 로봇이고 착하다"가 마땅함을 뜻한다. 이는 "몇몇 S는 P다. 따라서 o는 S고 P다" 꼴의 추론이 마땅함을 받아들이는 셈이다.

062 "몇몇"의 뜻

몇몇 사람들은 "몇몇"으로부터 "여럿"을 떠올린다. "몇몇"이 이런 오해를 준다는 까닭에서 "몇몇" 대신에 "어떤"이나 "일부"를 더 많이 쓴다. 하지만 "어떤"은 "어떠한"이나 "무슨"으로 잘못 읽힐 수 있다. 이 때문에 "몇몇"을 쓰는 것이 더 나을 때도 많다. 아무튼 우리는 "뉴턴은 천재다"로부터 "몇몇은 천재다"가 따라 나온다고 믿는다. 이것은 "a는 P다. 따라서 몇몇은 P다" 꼴과 "x는 P다. 따라서 몇몇은 P다" 꼴의 추론이 마땅함을 믿는 것과 같다. 나아가 우리는 "에이다는 여자고 천재다"로부터 "몇몇 여자는 천재다"가 따라 나온다고 믿는다. 이것은 "a는 S고 P다. 따라서 몇몇 S는 P다" 꼴과 "x는 S고 P다. 따라서 몇몇 S는 P다" 꼴의 추론이 마땅함을 믿는 것과 같다. 이렇게 우리는 '몇몇 넣기' 규칙을 받아들인다. 앞에서 이야기했듯이 우리는 '몇몇 없애기' 규칙도 받아들일 수 있다. 우리가 이것을 받아들인 것은 우리가 어렴풋이 아는 "몇몇"의 뜻 때문이다.

'몇몇 넣기'와 '몇몇 없애기'에 담긴 "몇몇"의 뜻이 또렷해졌다. "몇몇 S는 P다"로부터 몇몇 없애기를 써서 "o는 S고 P다"를 얻는다. 다만 이름 "o"는 "몇몇 S는 P다"로부터 떠오른 한 개체를 가리키려고 새로 지은 붙박이 홑이름이다. 만일 "o는 S고 P다"가 참이면 반드시 "S고 P인 것이 적어도 하나 있다"도 참이다. 결국 (i) "몇몇 S는 P다"로부터 "S고 P인 것이 적어도 하나 있다"가 따라 나온다. 이제 "S고 P인 것이 적어도 하나 있다"로부터 S고 P인 한 개체에 이름 "o"를 줌으로써 "o는 S고 P다"를 주장할 수 있다. 몇몇 넣기를 써서 "몇몇 S는 P다"를 얻는다. 결국 (ii) "S고 P인 것이 적어도 하나 있다"로부터 "몇몇 S는 P다"가 따라 나온다. 따라서 (i)과 (ii)로부터 "몇몇 S는 P다"와 "S고 P인 것이 적어도 하나 있다"는 서로 따라 나오고 뜻이 같다. 우리는 '몇몇 넣기'와 '몇몇 없애기'로부터 다음 정리를 얻는다.

- 몇몇 S는 P다. ≡ S고 P인 것이 적어도 하나 있다.
- 몇몇 S는 P가 아니다. ≡ S고 P 아닌 것이 적어도 하나 있다.

063 벤 그림

"모든"과 "몇몇"의 뜻이 또렷해졌기에 모든몇몇문장의 뜻도 또렷해졌다.

모두 그렇다	모든 S는 P다.	무엇이든 그것이 S면 그것은 P다.
모두 아니다	어느 S도 P가 아니다.	무엇이든 그것이 S면 그것은 P가 아니다.
몇몇 그렇다	몇몇 S는 P다.	S고 P인 것이 적어도 하나 있다.
몇몇 아니다	몇몇 S는 P가 아니다.	S고 P 아닌 것이 적어도 하나 있다.

"모든 S는 P가 아니다"를 "'모든 S는 P다'가 아니다"와 헷갈리지 않도록 "어느 S도 P가 아니다"로 썼다. 겉보기에 "모든 S는 P다"와 "몇몇 S는 P다"의 얼개가 비슷하게 보이지만 둘은 매우 다르다. 20세기 전후 프레게 덕분에 모든몇몇문장의 뜻이 또렷해졌는데 그에 앞서 이 일에 큰 발걸음을 내디딘 이는 존 벤이다. 그는 모든몇몇문장을 그림으로 나타냈다.

　두루이름 S와 P는 네모나 동그라미로 그린다. 동그라미 S를 똑같이 "S"라 부르고 동그라미 P를 똑같이 "P"라 부르겠다. 동그라미 안에 무엇인가 있음을 나타낼 때는 그 안에 홀이름을 쓰거나 별을 그린다. 그 안에 아무것도 없음을 나타낼 때는 그 안을 검게 칠한다. 검정 칠은 그 부분을 아예 지우는 일과 같다. '모두 그렇다'는 P 바깥에 있는 S 부분을 검게 칠함으로써 무엇이든 S에 들어가면 그것이 P에도 들어감을 그린다. '모두 아니다'는 P 안에 있는 S 부분을 검정으로 지움으로써 무엇이든 S에 들어가면 그것이 P에는 안 들어감을 그린다. '몇몇 그렇다'는 S 안에 들어가고 P에도 들어가는 것이 적어도 하나 있음을 그린다. '몇몇 아니다'는 S 안에 들어가지만 P에는 안 들어가는 것이 적어도 하나 있음을 그린다.

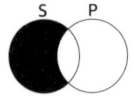 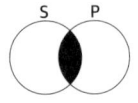 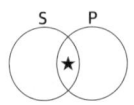 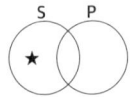

모든 S는 P다. 　　어느 S도 P가 아니다. 　　몇몇 S는 P다. 　　몇몇 S는 P가 아니다.

064 모든 몇몇 달리 쓰기

벤 그림을 잘 살펴보면 "모든 S는 P다"와 "몇몇 S는 P가 아니다"가 서로 모순임을 알 수 있다. 하나가 참이면 다른 하나는 거짓이고 하나가 거짓이면 다른 하나는 참이다. 달리 말해 둘은 서로 부정 관계에 있다. 하나는 다른 하나의 부정이다. 곧 "'몇몇 S는 P가 아니다'는 거짓이다"는 "모든 S는 P다"를 뜻하고, "'모든 S는 P다'는 거짓이다"는 "몇몇 S는 P가 아니다"를 뜻한다. 또 벤 그림에 따르면 "어느 S도 P가 아니다"와 "몇몇 S는 P다"가 서로 모순이다. 결국 "'모든 S는 P다'는 거짓이다"는 "어느 S도 P가 아니다"를 뜻하고, "'어느 S도 P가 아니다'는 거짓이다"는 "몇몇 S는 P다"를 뜻한다.

"모든 S는 P다"는 "무엇이든 그것이 S면 그것은 P다"를 뜻한다. "무엇이든 그것이 S면 그것은 P다"를 이면 앞뒤 바꿔 "무엇이든 그것이 P가 아니면 그것은 S가 아니다"를 얻는다. 이것은 "P 아닌 어느 것도 S가 아니다"와 뜻이 같다. 따라서 "모든 S는 P다"는 "P 아닌 어느 것도 S가 아니다"와 뜻이 같다. 마찬가지로 "어느 S도 P가 아니다"는 "어느 P도 S가 아니다"와 뜻이 같다. "몇몇 S는 P다"는 "S고 P인 것이 적어도 하나 있다"를 뜻한다. 이를 이고 앞뒤 바꿔 "P고 S인 것이 적어도 하나 있다"를 얻는데 이는 "몇몇 P는 S다"를 뜻한다. 따라서 "몇몇 S는 P다"는 "몇몇 P는 S다"와 뜻이 같다. 마찬가지로 "몇몇 S는 P가 아니다"는 "P 아닌 몇몇은 S다"와 뜻이 같다. 이를 간추리면 아래와 같다.

모든 몇몇 바꿈	"모든 S는 P다"는 거짓이다. ≡ 몇몇 S는 P가 아니다. "어느 S도 P가 아니다"는 거짓이다. ≡ 몇몇 S는 P다.
몇몇 모든 바꿈	"몇몇 S는 P다"는 거짓이다. ≡ 어느 S도 P가 아니다. "몇몇 S는 P가 아니다"는 거짓이다. ≡ 모든 S는 P다.
모든 앞뒤 바꿈	모든 S는 P다. ≡ P 아닌 어느 것도 S가 아니다. 어느 S도 P가 아니다. ≡ 어느 P도 S가 아니다.
몇몇 앞뒤 바꿈	몇몇 S는 P다. ≡ 몇몇 P는 S다. 몇몇 S는 P가 아니다. ≡ P 아닌 몇몇은 S다.

065 공허한 세계

뉴턴 법칙에 따르면 힘을 받지 않는 모든 물체는 등속 운동한다. 힘을 받지 않는 물체가 하나도 없는 세계 W를 생각해 보겠다. 세계 W에서 "힘을 받지 않는 모든 물체는 등속 운동한다"는 참인가 거짓인가? "힘을 받지 않는 물체는 등속 운동한다"가 거짓이면, 모든 몇몇 바꿈 규칙에 따라, "몇몇 힘을 받지 않는 물체는 등속 운동하지 않는다"는 참이다. "힘을 받지 않는 물체"를 S로 놓고 "등속 운동함"을 P로 놓고 셈했다. "몇몇"의 뜻에 따르면 세계 W에서 "힘을 받지 않는 물체고 등속 운동하지 않는 것이 적어도 하나 있다"는 참이다. 하지만 세계 W에서는 힘을 받지 않는 물체가 하나도 없기에 이 문장은 세계 W에서 참일 수 없다. 따라서 세계 W에서 "힘을 받지 않는 물체는 등속 운동한다"가 거짓일 수 없다. "힘을 받지 않는 물체는 등속 운동한다"가 뜻을 갖는다면 세계 W에서 이 문장은 참이다. 나아가 S인 것이 아예 없는 세계에서 "모든 S는 P다"는 참이다.

이 이야기는 풀이말 P가 무엇이든 무관한데 풀이말이 심지어 'P 아님'으로 바뀌어도 성립한다. 이는 S인 것이 아예 없는 세계에서 "어느 S도 P가 아니다"도 참임을 뜻한다. S인 것이 아예 없는 세계에서 "모든 S는 P다"와 "어느 S도 P가 아니다"가 둘 다 참임은 벤 그림으로도 잘 드러난다. S인 것도 P인 것도 없는 세계에서도 두 문장은 참이다. 하지만 S인 것은 있지만 P인 것이 없는 세계에서는 "모든 S는 P다"는 거짓이다. S인 한 개체를 "o"라 부르면 "o는 S다"인데 만일 "모든 S는 P다"가 참이면 "o가 S면 o는 P다"도 참이다. "o는 S다"로 "o가 S면 o는 P다"에서 이면 없애 "o는 P다"를 얻는다. 하지만 P인 것이 없는 세계에서 "o는 P다"는 거짓이다. 따라서 S인 것은 있지만 P인 것이 없는 세계에서 "모든 S는 P다"는 거짓이다. 반면 이 세계에서 "어느 S도 P가 아니다"는 참이다. 이는 벤 그림으로 확인할 수 있다. 한편 아예 아무 것도 없이 텅텅 빈 세계에서 "모든 S는 P다"와 "어느 S도 P가 아니다"는 참이다. 하지만 이 세계에서 "a는 P다"와 "몇몇은 P다"뿐만 아니라 "x는 P다", "무엇이든 x는 P다", "모든 것은 P다"는 거짓이다.

066 벤 그림 추론 하루

우리는 벤 그림을 써서 한 추론이 마땅한지 못마땅한지 따질 수 있다. 다음 추론을 생각해 보자. 아래에서 '시린'은 붙박이 홀이름이다.

> 1. 지성인은 모두 공동체를 가꾸는 시민이다. 2. 공동체를 가꾸는 모든 시민은 정치 참여자다. 3. 시린은 정치 참여자가 아니다. 따라서 시린은 지성인이 아니다.

먼저 추론에 나오는 두루이름을 찾는다. 추론에 나오는 이는 모두 사람이기에 이야기의 범위를 사람으로 좁힌다. 추론에 나오는 두루이름은 '지성인', '공동체를 가꾸는 시민', '정치 참여자'다. 이를 동그라미로 그리고 각각 '지', '공', '정'으로 짧게 쓴다. 세 동그라미를 조금씩 겹치게 그린다.

그다음 세 전제를 한꺼번에 벤 그림으로 나타낸다. 첫째 전제와 둘째 전제는 '모두 그렇다' 문장이다. 셋째 전제에서 "시린"은 홀이름이기에 "시린"을 짧게 ㅅ으로 쓰면 ㅅ은 동그라미 '정' 바깥에 그려야 한다. ㅅ을 검게 칠한 곳에 그리면 안 된다. 세 전제를 한꺼번에 그리면 아래와 같다.

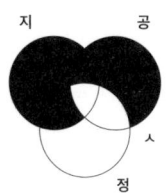

마지막으로 전제들의 벤 그림에 비추어 결론이 참임을 알 수 있는지 없는지를 따진다. 이 그림에서 ㅅ은 동그라미 '지' 바깥에 있는데 이는 결론 "시린은 지성인이 아니다"가 참임을 뜻한다. 우리는 전제들의 벤 그림으로부터 결론이 참임을 알 수 있다. 따라서 이 추론의 전제들로부터 추론의 결론이 따라 나온다. 이는 이 추론이 마땅하다는 것을 뜻한다. 하지만 만일 전제들의 그림에 비추어 결론이 참임을 알 수 없다면 그 추론은 못마땅하다.

067 벤 그림 추론 이틀

내 친구들은 경제학, 법률학, 행정학, 철학 가운데서만 적어도 하나를 수강한다. 다음 추론의 전제와 결론은 모두 내 친구들에 관한 진술이다. 이 추론을 마땅하게 하려면 무슨 전제를 보태야 하는가?

> 1. 경제학 수강자는 모두 법률학 수강자다. 2. 행정학 수강자 가운데 법률학 수강자는 없다. 3. 법률학 수강자 가운데 철학 수강자는 있다. 4. 몇몇 철학 수강자는 경제학 수강자도 법률학 수강자도 아니다. 5. 몇몇 철학 수강자는 행정학 수강자도 경제학 수강자도 아니다. 따라서 다른 것은 수강하지 않고 철학만 수강한 이가 있고 행정학을 빼고 나머지 셋을 수강한 이가 있다.

이 물음을 벤 그림을 그려 풀도록 하겠다.

이 추론에 나오는 두루이름은 모두 넷이다. "경제학 수강자", "법률학 수강자", "행정학 수강자", "철학 수강자"를 각각 동그라미 '경', '법', '행', '철'로 나타낸다. 첫째 전제를 반영하여 동그라미 '경'을 동그라미 '법' 안에 그린다. 둘째 전제를 반영하여 동그라미 '행'은 동그라미 '법' 바깥에 그린다. 남은 동그라미 '철'은 다른 세 동그라미와 겹치게 그린다. 그다음 남은 세 전제들을 한꺼번에 그린다. 이렇게 그린 벤 그림은 다음과 같다.

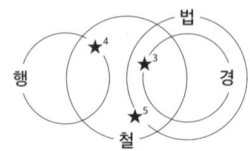

결론이 참이 되게 하는 여러 길이 있다. "법률학과 철학 두 과목만 수강한 이는 없다"를 전제에 보탠다면 "★³"은 동그라미 '경' 안으로 들어가고 "★⁵"는 동그라미 '법' 바깥으로 나온다. 그림이 이렇게 바뀌면 그림에 비추어 결론은 참이다.

068 양화 논리 하루

우리가 쓰는 문장들은 대체로 "a는 b다", "a는 b가 아니다", "a는 P다", "a는 P가 아니다", "모든 S는 P다", "어느 S도 P가 아니다", "몇몇 S는 P다", "몇몇 S는 P가 아니다" 따위 가운데 하나다. 이런 문장들은 정보 또는 뜻을 나르는 데 알맞다. 소리들의 뭉치 또는 그림들의 뭉치가 뜻을 나르는 말이 되려면 몇 가지 조건을 갖춰야 한다. 첫째, "는 참이다"나 "는 거짓이다"를 붙일 수 있는 문장들이 있어야 한다. 둘째, "이고", "이거나", "이면" 따위의 문장 이음씨를 갖추어 문장들을 이어 새로운 문장을 만들 수 있어야 한다. 셋째, "모든", "몇몇", 홑이름, 두루이름 따위를 갖추어 문장을 임자말과 풀이말로 쪼갤 수 있어야 한다. 소리나 그림 꾸러미가 이 세 조건을 갖추었을 때 그 꾸러미는 비로소 말이 될 수 있다. 이 세 조건은 말하자면 으뜸 말길이다. 전문 논리학자들은 이를 "제1차 논리" "제1차 술어 논리" "제1차 양화 논리"라 부른다. 제1차 논리는 말의 바탕이며 모든 학문의 바탕이다.

양화 논리의 기본 추론 규칙을 쓰거나 벤 그림으로 여러 파생 추론 규칙을 얻을 수 있다. 이들 추론 규칙을 흔히 "정언 삼단논법"이라 한다.

- 모든 S는 P다. a는 S다. 따라서 a는 P다.
- 모든 S는 P다. 모든 P는 R이다. 따라서 모든 S는 R이다.
- 모든 S는 P다. 몇몇 S는 R이다. 따라서 몇몇 P는 R이다.

또 비슷한 방법으로 여러 가지 달리 쓰기 규칙을 얻을 수 있다.

- 모든 S는 P고 R이다. ≡ 모든 S는 P고 모든 S는 R이다.
- 모든 S는 P거나 R이다. ≡ 모든 S는 P거나 모든 S는 R이다.
- 모든 S거나 P는 R이다. ≡ 모든 S는 R이고 모든 P는 R이다.
- 몇몇 S고 P는 R이다. ≡ 몇몇 S는 P고 R이다.

추론에 나오는 두루이름이 넷이 넘어갈 때는 벤 그림으로 증명하기 어렵다. 이 경우 우리는 차근차근 이끌기로 추론의 마땅함을 증명해야 한다.

069 양화 논리 이틀

본보기로 다음 추론을 양화 논리의 추론 규칙을 써서 차근차근 이끌겠다.

    1. 어느 공동체주의자도 개인주의자가 아니다.
    2. 몇몇 개인주의자는 공리주의자다.
    3. 모든 '개인주의자고 공리주의자'는 공동체주의자거나 자유주의자다.
      // 공동체주의자가 아닌 몇몇은 개인주의자고 공리주의자며 자유주의자다.
    4. 2에서 몇몇 없애, o는 개인주의자고 공리주의자다.
    5. 3에서 모든 없애, 만일 o가 개인주의자고 공리주의자면 o는 공동체주의자거나 자유주의자다.
    6. 4로 5에서 이면 없애, o는 공동체주의자거나 자유주의자다.
    7. 4에서 이고 없애, o는 개인주의자다.
    8. 1에서 모든 없애, o가 공동체주의자면 o는 개인주의자가 아니다.
    9. 7로 8에서 뒤로 이면 없애, o는 공동체주의자가 아니다.
    10. 9로 6에서 이거나 없애, o는 자유주의자다.
    11. 9와 4와 10에 이고 넣어, o는 공동체주의자가 아니고, 개인주의자고 공리주의자고, 자유주의자다.
    12. 11에 몇몇 넣어, 공동체주의자가 아닌 몇몇은 개인주의자고 공리주의자며 자유주의자다. "끝"

풀이말 "공동체주의자", "개인주의자", "공리주의자", "자유주의자"를 말꼴로 각각 C, I, U, L로 바꾸어 추론을 짧게 나타낼 수 있다.

    1. 어느 C도 I가 아니다.
    2. 몇몇 I는 U다.
    3. 모든 I고 U는 C거나 L이다. // C 아닌 몇몇은 I고 C며 L이다.

나아가 "모든"과 "몇몇"까지도 말꼴로 바꿀 수 있는데 각각 "∀"와 "∃"다.

070 논리 퍼즐

논리 게임 또는 논리 퍼즐은 주어진 정보를 써서 다른 정보를 알아내는 놀이다. 가장 쉬운 논리 퍼즐은 참말 놀이인데 처음에 참말들만 주어진다. 참말과 거짓말이 섞인 거짓말 놀이는 조금 더 어렵다. 거짓말 놀이의 보기에는 사기꾼 찾기나 보물 상자 찾기가 있다. 다른 퍼즐에는 주어진 참말을 써서 크기, 길이, 시간에 따라 순서대로 줄을 세우는 물음, 사물과 속성을 짝짓는 물음이 있다. 요즘 공무원, 법학전문대학원, 경찰대학, 공기업, 대기업 채용 및 입학 시험에서 생각의 힘을 가늠하려고 이런 물음들을 자주 묻는다.

처음에 주어진 정보가 모두 참이면 추론 규칙과 달리 쓰기 규칙을 써서 정보들을 엮어 다른 정보를 추론한다. 주어진 참말들에 모든몇몇문장이 섞여 있다면 푸는 데 조금 더 어려울 수 있다. 하지만 풀이 방법은 크게 다르지 않다. 보기로 다음 정보가 모두 참이면 무엇을 추론할 수 있을까?

> 몇몇 도시를 선정해 문화관광특구로 지정할 예정이다. A, B, C, D, 네 도시가 신청하였는데 다음 사실이 밝혀졌다.
> - A가 선정되면 B도 선정된다.
> - B와 C가 모두 선정되는 것은 아니다.
> - B와 D 중 적어도 한 도시는 선정된다.
> - C가 선정되지 않으면 B도 선정되지 않는다.

주어진 네 정보는 모두 참이다. 풀이의 출발점으로 삼을 정보를 잘 골라야 한다. 둘째 정보와 넷째 정보는 둘 다 B와 C를 이야기한다. 이 두 정보를 먼저 눈여겨보는 것이 좋겠다. 넷째 정보에서 '이면 앞뒤 바꿈' 하여, B가 선정되면 C도 선정된다. 둘째 정보에 따르면 B와 C 가운데 적어도 하나는 선정되지 않아야 한다. 둘째와 넷째 정보를 함께 감안한다면 B는 선정되지 말아야 한다. 이제 셋째 정보에 따라 D는 선정된다. 그다음 첫째 정보에 따라, 뒤로 이면 없애, A는 선정되지 않는다. 따라서 선정되는 도시는 D이고, 선정되지 않는 도시는 A와 B다. C는 주어진 정보로 판단할 수 없다.

071 참말 놀이

보기로 주어진 참말들에 모든몇몇문장이 섞인 물음을 풀려 한다. 직원 갑, 을, 병, 정, 무를 대상으로 가 영역, 나 영역, 다 영역, 라 영역을 평가하여 평점을 A, B, C 가운데 하나로 매겼다. 그 결과는 다음과 같았다.

> 1. 모든 영역에서 C를 받은 직원이 있다. 2. 모든 직원이 C를 받은 영역이 있다. 3. 라 영역에서 B를 받은 직원은 가 영역에서 모두 B를 받았다. 4. 갑은 다 영역에서만 C를 받았다. 5. 을만 라 영역에서 C를 받았다. 6. 병과 정은 가 영역과 나 영역에서 A를 받았고 다른 직원들은 가 영역에서도 나 영역에서도 A를 받지 않았다. 7. 무는 한 영역에서만 A를 받았다.

다행히 이야기에 나오는 개체가 다섯밖에 되지 않아 양화 논리의 추론 규칙을 쓰지 않아도 된다. 이 경우 재빨리 모눈을 만드는 것이 좋다. 가로 네 칸과 세로 다섯 칸에 영역과 사람을 넣고 그 사이에 만들어진 20개 칸에 평점을 매기면 될 테다. 넷째, 다섯째, 여섯째 정보를 각 모눈에 담으면 다음과 같다. "그는 X를 받았다"를 "X"로 썼고 "이거나"를 젓가락꼴 "∨"로 썼다.

	가 영역	나 영역	다 영역	라 영역
갑	B	B	C	A∨B
을	B∨C	B∨C		C
병	A	A		A∨B
정	A	A		A∨B
무	B∨C	B∨C		A∨B

안 쓴 다른 정보들을 써서 남은 칸을 채우면 다음과 같다.

	가 영역	나 영역	다 영역	라 영역
갑	B	B	C	A∨B
을	C	C	C	C
병	A	A	C	A
정	A	A	C	A
무	B∨C	B∨C	C	A

072 거짓말 놀이

주어진 문장들에 참말과 거짓말이 섞였을 때 물음을 푸는 길은 다음과 같다. 첫째, 그 자체로 참인 문장이나 그 자체로 거짓인 문장을 찾는다. 둘째, 서로 일관되지 않는 문장들을 찾는다. 그런 문장들 가운데 적어도 하나는 거짓이다. 셋째, '거짓이다 넣기'를 한다. 아무 문장을 참이라 가정한 뒤 모순문장이 나오면 그 문장은 거짓이다. 평소에 거짓이다 넣기를 잘 익혀야 한다. 넷째, 경우의 수에 따라 모눈을 그려 진실을 차근차근 찾아간다.

보기로 다음 물음을 넷째 풀이 방법으로 풀어보겠다. 기업 토토는 일차 서류심사와 이차 면접으로 사원을 뽑는다. 서류심사 접수자 갑, 을, 병, 정, 무 중 세 명만을 골라 면접한 뒤 두 명만 뽑는다. 다음 대화에서 세 명의 신술은 참이고 두 명의 진술은 거짓이다.

갑: 나는 면접 대상자로 결정되었고 병은 서류심사에서 탈락했어.
을: 나는 서류심사에서 탈락했지만 병은 면접 대상자로 결정되었어.
병: 무는 사원으로 뽑혔어.
정: 나는 사원으로 뽑혔고 면접에서 병과 무와 함께 있었어.
무: 나는 갑과 정이랑 함께 면접 대상자로 결정되었어.

갑과 을 진술 중 하나는 거짓이다. 무는 면접 대상자 3명을 언급했기에 여기서 시작하겠다. 무 진술이 참인 경우와 거짓인 경우를 모눈으로 그린다.

	참말	거짓말	서류 탈락	면접	뽑힘
무 진술은 참	무		을, 병	갑, 정, 무	
무 진술은 거짓		무			

이 모눈에서 참을 진술한 이, 거짓을 진술한 이, 서류 탈락자, 면접 대상자, 사원으로 뽑힌 이를 채워 진실을 찾아간다. 이렇게 채운 모눈은 다음이다.

	참말	거짓	서류 탈락	면접자	뽑힘
무 진술은 참	갑, 병, 무	을, 정	을, 병	갑, 정, 무	무
무 진술은 거짓	을, 병, 정	갑, 무	갑, 을	병, 정, 무	정, 무

073 줄 세우기와 짝짓기

주어진 정보를 바탕으로 사물들의 시간, 위치, 크기 따위에 따라 줄 세우는 것을 "정렬", "배치", "차례짓기", "줄 세우기"라 한다. 아래 정보를 바탕으로 ㄱ, ㄴ, ㄷ, ㄹ, ㅁ, ㅂ, ㅅ 7개 일이 일어난 차례대로 줄 세워보겠다.

- ㄱ은 ㄴ보다 늦게 일어났으며 ㄱ과 ㄴ 사이 다른 일이 있다.
- ㄴ과 ㅂ 사이에 ㄷ이 있거나 ㄹ과 ㅁ 사이 다른 일이 없다.
- ㄷ은 맨 뒤에 일어났거나 ㅅ은 맨 앞에 일어나지 않았다.
- ㄹ은 ㄴ보다 일찍 일어났지만 ㅁ과 ㅅ보다는 늦게 일어났다.

첫째 정보를 써서 ㄴ☆ㄱ을 얻는다. 여기에 넷째 정보를 반영하여 ㅁㅅㄹㄴ☆ㄱ 또는 ㅅㅁㄹㄴ☆ㄱ을 얻는다. 셋째 정보를 반영하면 ㅁㅅㄹㄴ☆ㄱ 또는 ㅅㅁㄹㄴㅂㄱㄷ이다. 남은 둘째 정보를 써서 ㅁㅅㄹㄴㄷㅂㄱ 또는 ㅅㅁㄹㄴㅂㄱㄷ을 얻는다.

이제 "속성 연결" 또는 "짝짓기"라 불리는 물음의 보기를 살펴보겠다. 보미는 나흘 동안 검정, 노랑, 빨강, 하양 가운데 하루에 각기 다른 빛깔의 저고리, 조끼, 치마를 입고 날마다 다른 빛깔 짝으로 옷을 입을 생각이다. 마지막 날 입을 저고리 빛깔은 무엇인가?

첫날은 검정 치마를 입는다. 이튿날은 하양을 입지 않는다. 사흘날은 빨간 조끼를 입지 않거나 검은 저고리를 입는다. 나흘날은 노랑 조끼를 입지만 하얀 치마를 입지 않는다.

쉬운 정보는 첫날과 나흘날 정보다. 이것들로 모눈을 만들면 다음과 같다.

	첫날	이튿날	사흘날	나흘날
저고리	노∨빨∨하			검∨하
조끼	빨∨하	검∨빨∨하	검∨빨∨하	노
치마	검	노∨하	노∨하	빨

여기에 이튿날 정보를 담은 뒤 사흘날 정보를 담는다. 답은 하양이다.

074 갈래 모눈

사물들을 두 기준 P와 R에 따라 갈래짓는다면 모두 4가지 모임이 생겨난다.

	R	R 아님
P		
P 아님		

기준 R에 따라 겹치지 않는 세 모임이 나뉜다면 갈래 모눈은 달라진다.

	R_1	R_2	R_3
P			
P 아님			

R에 따라 R_1과 R_2로 나뉘지만 이들이 겹칠 때 모눈은 다음처럼 바뀐다.

	R_1 & R_2*	R_1 & R_2	R_1* & R_2
P			
P*			

여기서 "*"는 "아님"이나 "비"를 뜻하고 "&"는 "이고"를 뜻한다.
 "모든 S는 R_1이거나 R_2다"는 "S 가운데 R_1이고 R_2인 이는 없다"를 뜻하지 않는다. 한편 "R_1이고 R_2인 이는 없다"는 "어느 R_1도 R_2가 아니다"를 뜻한다. 보기로 다음 정보들에 따라 갈래 모눈을 만들어 보겠다.

> 모든 사람은 우파거나 좌파다. 어느 우파도 좌파가 아니고 어느 보수파도 진보파가 아니다.

여기서 사람을 가르는 두 기준이 나온다. 우파와 좌파 둘 다에 속하는 이가 없고 보수파와 진보파 둘 다에 속하는 이도 없다. 우파도 아니고 좌파도 아닌 이는 없다. 하지만 보수파도 아니고 진보파도 아닌 이는 있을 수 있다.

	진보파	비진보비보수파	보수파
우파			
좌파			

075 갈래짓기

토토는 나름의 기준에 따라 사람을 갈래짓는다. 모든 사람은 우파거나 좌파다. 우파와 좌파 둘 다에 속하는 이는 없다. 진보파거나 좌파는 아무도 불평등을 지지하지 않는다. 시민의 자유 증대를 바라는 이는 보수파가 아니거나 우파가 아니다. 사회구조의 혁신을 바라는 이는 진보파거나 좌파다. 좌파 가운데 진보파가 아닌 이는 관념의 혁신을 바라지 않는다. 모든 보수파는 진보파가 아니다. 이 기준에 따라 다음처럼 갈래 모눈을 만들 수 있다.

	진보파	비진보비보수파	보수파
우파			
좌파			

이야기의 맥락으로 보건대 사람 아닌 사물을 이야기에서 빼도 괜찮다.

"진보파거나 좌파는 아무도 불평등을 지지하지 않는다"는 "진보파는 모두 불평등을 안 지지하고, 좌파는 모두 불평등을 안 지지한다"를 뜻한다. "시민의 자유 증대를 바라는 이는 보수파가 아니거나 우파가 아니다"는 "보수파고 우파는 모두 시민의 자유 증대를 안 바란다"를 뜻한다. "사회구조의 혁신을 바라는 이는 진보파서나 좌파다"는 "비진보파고 비좌파는 모두 사회구조의 혁신을 안 바란다"를 뜻한다. 이를 써서 각 갈래에 속하는 사람들에 관한 정보를 모눈의 각 빈칸에 담을 수 있다.

	진보파	비진보비보수파	보수파
우파	불평등 안 지지함	사회 혁신 안 바람	사회 혁신 안 바람 자유 증대 안 바람
좌파	불평등 안 지지함	불평등 안 지지함 관념 혁신 안 바람	불평등 안 지지함 관념 혁신 안 바람

박제언은 불평등을 지지하지만 시민의 자유 증대를 바란다. 갈래 모눈에 따르면 그는 우파고 비진보비보수파며 사회 혁신을 바라지 않는다. 만일 유나비가 사회구조와 관념의 혁신을 바란다면 그는 진보파며 불평등을 지지하지 않는다. 그가 우파인지 좌파인지는 주어진 정보만으로 알 수 없다.

076 아마도 추론

'아마도 추론'은 추론의 전제들로부터 추론의 결론이 아마도 따라 나오기를 바라는 추론이다. 여기서 "아마도"가 무엇을 뜻하는지 이해하는 일은 어렵다. "아마도 추론"을 다른 말로 "귀납" 또는 "귀납 추론"이라 한다. 처음에 "귀납 추론"은 개별 경험 사례들로부터 보편 명제를 이끌어내는 추론을 뜻했던 것 같다. 사람들은 개별 경험 사례들로부터 귀납하여 "모든 백조는 하얗다"를 이끌어냈다. 오랫동안 과학자들은 이것들이 참말이라고 굳게 믿었다. 하지만 몇몇 백조가 검지 않다는 사실이 나중에 드러났다. 이처럼 귀납 추론은 전제들의 참이 결론의 참을 100% 보장하지 못한다. 귀납 추론은 전제들이 결론을 100% 뒷받침하기를 오히려 바라지 않으며 전제들로부터 결론이 아미도 따라 나오기를 바랄 뿐이다.

반드시 추론과 아마도 추론은 각기 장단점을 갖는다. 마땅한 반드시 추론은 전제들의 참이 결론의 참을 보장하지만 전제들에 담긴 정보보다 더 많은 정보를 추론할 수 없다. 반면 아마도 추론은 아무리 잘 추론해도 전제들의 참이 결론의 참을 보장하지 못하지만 전제들에 담긴 정보보다 더 많은 정보를 추론할 수 있다. 아마도 추론으로 얻은 결론 "모든 사람은 젖먹이짐승이다"는 우리가 여태 겪었던 것들을 넘어서는 새로운 정보를 담는다. 아마도 추론들에는 여러 가지가 있다. 크게 다음과 같이 갈래지을 수 있다.

아마도 추론	일반화 또는 귀납 일반화	단순 일반화
		통계 일반화
	통계 삼단논법	
	유비추론	
	인과추론	일치법
		차이법
		일치차이병용법
		공변법
		잉여법 또는 소거법
	가설추론	가설연역법
		최선의 설명 추론

077 일반화와 통계 삼단논법

먼저 일반화 또는 귀납 일반화에는 단순 일반화와 통계 일반화가 있다. 단순 일반화는 다음 꼴을 지녔다.

> 관찰된 개체들 각각이 속성 P를 갖는다. 따라서 아마도 그와 같은 갈래에 속하는 다른 모든 개체도 속성 P를 갖는다.

통계 일반화는 단순 일반화보다 조심스럽게 추론한다. 까맣지 않은 까마귀가 나타난 다음에는 "모든 까마귀는 까맣다"를 버리고 다른 명제를 주장해야 한다. 까마귀들의 전체 집합을 우리가 모두 조사할 수는 없다. 그 가운데 일부만 조사하여 결론 내려야 한다. 한 갈래에 속하는 개체들의 전체 집합을 "모집단"이라 하고 그 모집단에서 뽑은 무리를 "표본" 또는 "샘플"이라 한다. 통계 일반화는 다음 꼴을 지녔다.

> 표본 가운데 n%가 속성 P를 갖는다. 따라서 아마도 모집단의 n%도 속성 P를 갖는다.

다음 추론은 통계 일반화의 보기다. "생산라인 티에서 나온 메모리칩을 1만 개를 마구잡이로 뽑아 조사했더니 그 가운데 2개가 흠이 있었다. 따라서 아마도 생산라인 티에서 나온 메모리칩 가운데 0.02%는 흠이 있다." 통계 일반화를 잘하려면 모집단에서 표본을 마구잡이로 뽑아야 하며 표본은 모집단의 모습을 잘 반영해야 한다.

"까마귀의 99.99%는 까맣다"로부터 우리가 볼 까마귀가 까맣다는 것을 아마도 이끌어낼 수 있다. 이러한 추론을 "통계 삼단논법"이라 한다. 이것의 꼴은 다음과 같다. n이 100에 가까울수록 이 추론은 더 강하다.

> S인 것들의 n%는 P다. a는 S다. 따라서 아마도 a는 P다.

"매일 담배를 피우는 사람의 70%는 폐암에 걸린다. 코코는 매일 담배를 피우는 사람이다. 따라서 아마도 코코는 폐암에 걸린다"는 통계 삼단논법을 쓴 것이다.

078 유비추론

두 사물 사이에 비슷한 점들이 드러났다면 우리는 둘 사이에 비슷한 점이 더 있을 것이라 기대한다. 이런 기대를 바탕으로 결론을 이끌어내는 것을 "유비추론"이라 한다. 유비추론은 대략 다음과 같은 꼴을 지녔다.

> 두 개체 a와 b는 둘 다 P_1이고 P_2이고 P_3이다. a는 Q다. 따라서 아마도 b도 Q다.

여기서 속성 P_1, P_2, P_3과 속성 Q 사이에 인과관계가 있을 때 오직 그때만 이 유비추론은 강하다. "임신으로 태어난 유이와 그를 복제한 레이는 유전자와 신경 구조가 똑같다. 따라서 유이와 레이는 둘 다 80세 이상 살 것이다"는 잘못된 유비추론이다. 제대로 된 유비추론이 되려면 다음과 같이 바꿔야 한다. "임신으로 태어난 유이와 그를 복제한 레이는 유전자와 신경 구조가 똑같다. 유이는 80세 이상 산다. 따라서 레이는 80세 이상 살 것이다."

두 사물 a와 b는 여러 비슷한 점을 가졌는데 새로운 정보 "a는 Q다"를 얻었다면 우리는 이로부터 유비추론으로 "b는 Q다"을 얻을 수 있다. 이때 a와 b 사이의 비슷한 점들이 많으면 많을수록 이 유비추론은 강하다. 아마도 추론을 더 강하게 만드는 일을 "강화"라 하고 더 약하게 만드는 일을 "약화"라 한다. 새로운 비슷한 점을 덧붙이면 이 추론은 강화되고 서로 다른 점을 드러내면 이 추론은 약화된다. 주어진 비슷한 속성과 속성 Q 사이에 관련성이 크면 이 유비추론은 강하다. 우리가 주어진 비슷한 속성과 속성 Q 사이에 관련성을 드러낸다면 이 추론은 강화되지만 둘 사이에 무관련성을 드러내면 이 추론은 약화된다. 만일 "R인 것들 대부분은 Q지만 R 아닌 것들 대부분은 Q가 아니다"가 드러났다면 속성 R과 속성 Q는 관련성이 있다고 볼 수 있다. 그것이 드러난 가운데 만일 a와 b가 둘 다 속성 R을 갖는다면 저 유비추론은 강하다. 하지만 속성 R을 a만 갖고 b는 갖지 않는다면 저 유비추론은 약하다. a와 b가 둘 다 속성 R을 갖고 "모든 R은 Q다"가 참이면 저 추론은 마땅한 반드시 추론이다.

079 일치법과 차이법

주어진 현상들로부터 그 원인을 추론하는 일을 "탓하기" 또는 "인과추론"이라 한다. 그 가운데 하나가 일치법인데 그 절차는 다음과 같다.

- 결과가 나타나는 현상들의 목록을 만든다.
- 현상들을 이루는 요소들을 서로 견주어 본다.
- 현상들에서 '일치하여' 나타나는 요소를 원인으로 여긴다.

결과 e가 나타나는 현상들의 목록이 다음과 같다고 해보자.

목록	한 현상을 이루는 요소들	결과
1	ABCDE	e
2	ACDEF	e
3	BCDF	e

이 모눈에서 A, B, C, D, E, F는 이들 현상을 이루는 요소들이다. 이것들은 원인의 후보인 셈이다. 이 현상들의 목록에서 일치하여 나타나는 것은 C다. 일치법에 따르면 결과 e의 원인은 C다.

다른 탓히기에는 차이법이 있는데 그 절차는 다음과 같다.

- 결과가 나타나는 현상과 그 결과가 나오지 않는 현상을 찾는다.
- 두 현상을 이루는 요소들을 서로 견주어 본다.
- 두 현상에서 '차이 나는' 요소를 원인으로 여긴다.

결과 e가 나타나는 현상과 나타나지 않는 현상이 다음과 같다고 해보자.

목록	한 현상을 이루는 요소들	결과
1	ABCDEF	e
2	ABDEF	-

이 모눈에서 A, B, C, D, E, F는 이들 현상을 이루는 요소들이다. 이것들은 원인의 후보다. 현상 1과 현상 2에서 차이 나는 요소는 C다. 차이법에 따르면 결과 e의 원인은 C다.

080 공변법

 탓하기들 가운데 일치차이병용법은 일치법과 차이법을 함께 쓰는 방법이다. 공변법은 현상을 이루는 요소들 가운데 어느 하나를 세게 하거나 약하게 하여 결과가 어떻게 바뀌는지 살펴봄으로써 원인을 찾는 방법이다. 예컨대 아래 모눈에서 현상을 이루는 요소들 가운데 C를 세게 할 때 결과들 가운데 e가 많이 나오고 C를 약하게 할 때 e가 적게 나온다.

목록	한 현상을 이루는 요소들	결과
1	ABCD	efgh
2	ABC$^+$D	e$^+$fgh
3	ABC$^-$D	e$^-$fgh

 공변법에 따르면 결과 e의 원인은 C다. 요즘 실험과학에서 가장 많이 쓰이는 탓하기는 공변법이다. 공변법에서 현상을 이루는 요소 C의 세기를 바꾸어나갈 때 다른 요소는 그대로 두어야 한다. 이를 전문용어로 "변인통제"라 한다. 변인들을 부르는 여러 이름이 있다. 독립변인은 원인의 후보가 되는 A, B, C, D 따위 요소다. 종속변인은 독립변인이 바뀜에 따라 그 결과도 바뀌는 e, f, g, h 따위다. 조작변인은 C처럼 바꾸어가며 그 결과를 살피는 요소며 통제변인은 A, B, D처럼 바꾸지 않고 그대로 남겨두는 요소다.

 일치법을 처음 또렷이 드러낸 이는 13세기 말 둔스 스코투스이고 차이법을 처음 또렷이 드러낸 이는 14세기 초 오컴의 윌리엄이다. 16세기 말 프랜시스 베이컨은 일치차이병용법과 공변법을 더 찾았다. 그는 『노붐 오르가눔』에서 탓하기가 앎을 얻는 새 방법이라며 이를 높이 샀다. 존 스튜어트 밀은 지금까지 나왔던 모든 탓하기를 모아 이를 1843년 『논리학 체계』에 간추렸다. 아마도 추론만이 우리를 앎으로 이끈다는 견해를 "귀납주의"라 한다. 데이비드 흄은 철저한 귀납주의자였지만 아마도 추론으로 얻은 앎이 튼튼한 바탕 위에 세워져 있지 않다는 것을 꼼꼼하게 드러냈다. 논리 체계 위에 과학들을 세우려는 열망이 20세기 전후를 달구었다. 이 열망으로 수학철학에서는 논리주의가 나타났고 과학철학에서는 논리실증주의가 나타났다.

081 가설연역법

여태 관찰한 모든 까마귀가 까맣다는 사실로부터 귀납 일반화를 하여 "모든 까마귀는 까맣다"를 얻을 수 있다. 이 결론은 아직 확실히 참은 아니다. 이것은 다만 '임시로 세운 주장' 곧 가설일 뿐이다. 가설의 검사에 가장 많이 쓰이는 것은 가설연역법이다. 이 방법은 "가설을 연역"하는 것이 아니라 "가설로부터 연역"한다. 가설연역법의 절차는 세 단계로 이루어졌다.

- 먼저 현상들을 한꺼번에 설명할 수 있는 '가설' H를 추측한다.
- 가설 H로부터 실험이나 관찰로 확인할 수 있는 명제 O를 '연역'한다.
- 실제 실험이나 관찰로 O가 참인지 거짓인지 검사한다.

첫 단계는 가설의 추측인데 과학에서 "추측"은 "가설"의 다른 이름이다.

둘째 단계에서 반드시 추론 곧 연역 추론이 쓰인다. 여기서 이끌어진 명제 O는 가설의 예측인 셈이다. 이 예측 명제는 경험, 관찰, 측정으로 참 또는 거짓이 드러날 수 있는 명제여야 한다. 예측 명제는 가설 추측 단계에서 이미 썼던 사실이 아니어야 한다. 그 명제가 이미 썼던 사실이라면 셋째 단계의 검증은 가설 검증에 아무 도움이 되지 않는다. 예측 명제가 가설 추측 단계에서 아직 쓰이지 않았지만 이미 잘 알려진 사실이라면 가설 검증에 별 도움이 안 될 수 있다. 예측 명제가 추측 단계에서 쓰이지 않았을 뿐만 아니라 그것이 참이라고 믿기 어려운 놀라운 명제라면 가설 검증에 큰 도움이 된다. 아인슈타인은 일반상대성 가설로부터 명제 "빛은 중력마당에서 굽는다"를 연역했다. 이 예측은 믿기 어려운 놀라운 명제였다. 셋째 단계에서 만일 예측 명제 O가 거짓임이 드러나면 가설 H도 거짓임이 드러난다. 이를 "반증"이라 하는데 '거짓임이 드러남'을 뜻한다. 하지만 예측 명제 O가 참이라 해서 가설 H가 곧장 검증되지는 않는다. "검증되다"는 '참임이 드러나다'를 뜻한다. 예측 명제 O가 참임이 드러나면 다만 가설 H는 '입증'된다. "입증되다"는 '그럴듯해지다'나 '믿음직해지다'를 뜻한다.

082 보조 가설

가설연역법에서 예측 명제 O가 거짓임이 드러나면 우리는 두 가지 가운데 하나를 해야 한다. 하나는 가설 H를 버리고 새 가설 H′를 찾는 일이다. 새로운 가설을 찾아 새로운 예측 명제 O′를 이끌어내고 이것이 참인지 거짓인지 실험이나 관찰로 확인한다. 예측 명제 O′가 거짓임이 드러나면 가설 H′도 버리고 새 가설을 또 찾으며 이를 거듭한다. 칼 포퍼에 따르면 이 방법이 가장 올바른 과학 탐구 과정이다. 하지만 예측 명제 O가 거짓임이 드러났을 때 과학자들이 곧잘 하는 다른 길이 있다. 그것은 가설 H로부터 명제 O를 연역하는 과정을 꼼꼼히 살펴보며 가설 H를 살릴 길을 찾는 일이다. 가설 H로부터 예측 명제 O를 이끌어낼 때 여러 가정이 쓰인다. 과학자들은 자신이 쓰는 실험 장치와 그 실험 결과가 믿을 만하다고 가정한다. 버릇처럼 무심코 여러 가지 현행 과학 이론도 가정한다. 주어진 관찰 자료들로부터 관찰명제를 얻을 때조차도 과학자의 평소 관점이 끼어든다. 가설 H로부터 명제 O를 이끌어내는 과정에 쓰이는 다른 가정들을 "보조 가설"이라 한다.

가설 H와 보조 가설 A_1과 A_2로부터 명제 O가 따라 나온다고 해보자. 설사 명제 O가 거짓임이 드러나더라도 곧장 가설 H가 거짓이 되지는 않는다. 확실히 내릴 수 있는 판단은 가설 H와 보조 가설 A_1과 A_2 가운데 적어도 하나가 거짓이라는 사실뿐이다.

    1. 만일 H이고 A_1이고 A_2이면, O
    2. O는 거짓이다.
    따라서 H가 거짓이거나 A_1이 거짓이거나 A_2가 거짓이다.

우리는 H를 버려도 되지만 A_1과 A_2 가운데 하나를 버려도 된다. 과학자들은 자기 가설을 지키려고 보조 가설들 가운데 하나를 버리곤 한다. 경험, 관찰, 실험으로는 가설이 참인지 거짓인지 결정하지 못한다. 이를 "이론 미결정 논제" 또는 "이론 과소결정 논제"라 한다. 이를 줄기차게 주장한 사람의 이름을 따 "뒤엠-콰인 논제"라고도 한다.

083 입증의 역설

우리의 경험과 관찰과 실험을 바탕으로 우리는 가설 "모든 S는 P다"를 추측했다. 이를 가설 H라고 부르겠다. 이제 우리는 새로 'S고 P인 사례'를 관찰했다. 이 사례는 가설 H를 입증하는 사례처럼 보인다. 반면에 'S지만 P 아닌 사례'를 관찰하는 것은 가설 "모든 S는 P다"를 반증한다. 'S가 아닌 사례'는 가설 H와 무관한 것처럼 보인다. 세 직관을 아래 모눈으로 간추릴 수 있다.

관찰 사례	가설 "모든 S는 P다"와 관계
S고 P인 사례	입증 사례
S고 P 아닌 사례	반증 사례
S 아니고 P인 사례	무관 사례
S 아니고 P 아닌 사례	무관 사례

까마귀고 검은 사례는 가설 "모든 까마귀는 검다"를 입증한다. 하지만 까마귀 아니고 검지 않은 사례 예컨대 빨간 장미 사례는 이 가설과 무관하다.

한편 가설 G를 추측했는데 이는 "모든 Q는 R이다"다. 다만 Q는 'P 아님'이고 R은 'S 아님'이다. 세 직관을 반영하여 다음을 얻는다.

관찰 사례	가설 "모든 P 아닌 것은 S가 아니다"와 관계
P 아니고 S 아닌 사례	입증 사례
P 아니고 S인 사례	반증 사례
P고 S 아닌 사례	무관 사례
P고 S인 사례	무관 사례

검지 않고 까마귀 아닌 사례 예컨대 빨간 장미 사례는 가설 "모든 검지 않은 것은 까마귀가 아니다"를 입증한다. 한편 "모든 S는 P다"와 "P 아닌 모든 것은 S가 아니다"는 뜻이 같다. 우리는 "한 사례가 한 가설을 입증하면 그 사례는 그 가설과 뜻이 같은 다른 가설도 입증한다"는 원리를 받아들여야 할 것 같다. 이 원리를 "동치 원리"라 한다. 만일 우리가 동치 원리를 받아들인다면 앞에서 말한 세 직관 가운데 적어도 하나를 버려야 한다. 빨간 장미 사례는 "모든 까마귀는 검다"를 입증할까? 한 빨간 장미는 가설 "모든 까마귀는 검다"를 아주 여리게나마 입증하는 것 같다.

084 설명

우리는 지금 만난 이 까마귀가 왜 검은지 이해하려고 가설 "모든 까마귀는 본디 까맣다"를 세운다. 우리는 내일 만날 까마귀도 검으리라 예측하려고 가설 "모든 까마귀는 까맣다"를 세운다. 우리는 가설의 눈으로 왜 우리가 그러한 현상을 겪게 되었는지 이해하며 앞으로 무슨 현상을 겪게 될지를 예측한다. 주어진 현상을 이해하는 일을 "설명"이라 한다. 우리는 현상을 설명하고 예측하려고 줄곧 가설을 세워왔다.

　보통 우리는 개별 사실 "a는 S다"와 더불어 "모든 S는 P다" 같은 보편 진술로부터 현상 "a는 P다"를 설명한다. 여기서 현상 "a는 P다"는 '우리가 설명할 현상' '다른 것으로 설명되는 현상' 곧 '피설명항'이다. 개별 사실 "a는 S다"와 두루문장 "모든 S는 P다"는 피설명항을 설명하는 '설명항'이다. 두루문장·일반진술·보편진술·법칙으로부터 피설명항을 반드시 추론함으로써 이를 설명하는 모형을 "헴펠모형" "포괄법칙 모형" "법칙 연역 모형"이라 한다. "이 까마귀는 까맣다"와 "그 까마귀는 까맣지 않다"를 설명하는 것을 넘어서 "대부분 까마귀는 까맣고 극히 일부 까마귀만 까맣지 않다"를 설명하려면 더 많은 현상을 포괄하는 진술을 찾아야 한다. 예컨대 두루문장 "유전자 Y를 가진 모든 까마귀는 까맣지만 그 유전자를 갖지 않은 모든 까마귀는 까맣지 않다"를 써서 그 현상을 설명할 수 있다.

　법칙 연역 모형에는 몇 가지 흠이 있다. 해의 위치와 피라미드 그림자로 피라미드 높이를 연역할 수 있지만 피라미드 높이는 그림자 길이로 설명되지 않는다. 이를 "피설명항과 설명항의 비대칭성"이라 한다. 나아가 "매일 피임약을 먹는 모든 남자는 임신하지 않는다"와 "코코는 매일 피임약을 먹는 남자다"로부터 "코코는 임신하지 않는다"를 연역할 수 있지만 이는 코코가 임신하지 않는 현상을 올바로 설명한 것이 아니다. 이 흠들을 없애려고 설명을 '인과 설명'으로 제한하기도 한다. 인과 설명은 두 가지 특징을 갖는다. 첫째, 설명항에 담긴 사건은 피설명항에 담긴 사건보다 앞서 일어난다. 둘째, 설명항의 두루문장은 일반 인과관계 곧 인과법칙을 담는다.

085 가설추론

믿음직한 가설을 찾는 추론을 "가설추론"이라 한다. 그 가설이 주로 인과관계를 담기에 가설추론은 주로 탓하기 또는 인과추론의 일종이다. "코코의 우울증은 그의 비만을 낳았다"는 단일 인과관계를 담지만 "우울증은 비만을 낳는다"는 일반 인과관계를 담는다. 주어진 관찰, 실험, 자료, 증거로부터 일반 인과관계를 찾으려면 어떻게 추론해야 하는가? 가장 처음에 하는 일은 원인과 결과의 상관관계를 찾는 일이다. 비만인 사람이 우울증을 많이 앓는다는 사실 또는 우울증을 갖는 사람이 비만이 많다는 사실로부터 가설 "우울증은 비만을 낳는다"를 세울 수 있다.

가난과 같은 공통원인이 우울증과 비만을 낳을 가능성이 있다. 가난이 공통원인인지 검사하려면 소득 수준이 똑같은 사람들을 대상으로 비만과 우울증의 상관관계를 살펴보아야 한다. 가난의 정도를 통제변인으로 놓고 비만과 우울증이 공변하는지를 따지는 것이다. 둘이 공변하지 않는다면 가난은 둘의 공통원인일 가능성이 크다. 이 방법은 '무작위 대조 실험'과 비슷하다. 가설 "약 M은 질병 D를 낫게 한다"는 다음 절차에 따라 입증된다. 먼저 질병 D에 걸린 사람들을 마구잡이로 뽑아 그들을 두 무리로 나눈다. 마구잡이로 뽑는 까닭은 우리가 변인들을 모두 통제할 수 없기 때문이다. 한 무리는 약 M를 먹고 다른 무리는 가짜 약 P를 먹는다. 만일 M을 먹은 무리가 P를 먹은 무리보다 더 많이 D에서 벗어난다면 그 가설은 입증된다.

17세기에 지구의 조수 현상을 설명하려고 데카르트는 가설 "지구와 달 사이의 유동체가 지구를 누른다"를 제안했다. 당시 갈릴레오는 가설 "지구 자전이 지구의 물을 흔든다"를 제안했고 나중에 뉴턴은 가설 "지구의 물과 달 사이에 인력이 있다"를 제안했다. 경쟁하는 가설들 가운데 현상을 가장 잘 설명하는 가설이 가장 그럴듯하다는 추론을 "최선의 설명에 따른 추론" 또는 "가추"라 한다. 우리는 무슨 기준으로 최선의 설명을 가릴 수 있을까? 어떤 이는 실용주의와 물리주의의 옷을 입은 가설을 가장 좋아하고 다른 이는 가장 간단하거나 우아한 설명을 가장 마음에 들어 한다.

086 추론 그림

우리는 "따라 나온다"나 "뒷받침한다"를 화살꼴로 나타낼 수 있다. '↓'는 반드시 추론에 쓰고 '⋮'는 아마도 추론에 쓰겠다.

이런 그림을 "추론 그림" 또는 "이끌기 그림"이라 한다. 왼쪽 그림은 "㉠으로부터 ㉡이 반드시 따라 나온다"를 그림으로 그린 것이고 오른쪽 그림은 "㉠으로부터 ㉡이 아마도 따라 나온다"를 그림으로 그린 것이다.

다음 추론은 ㉠과 ㉡으로부터 ㉢을 반드시 이끌어내는데 이 추론의 그림을 오른쪽에 그렸다.

㉠ 춤추는 이들은 삶을 즐긴다. ㉡ 유리는 춤춘다. 따라서 ㉢ 유리는 삶을 즐긴다.

여기서 "㉠+㉡"은 "㉠과 ㉡이 힘을 모아"를 뜻한다. 아마도 추론도 비슷하게 그릴 수 있다.

㉠ 철학자는 대개 생각의 힘이 세다. ㉡ 다다는 철학자다. 따라서 ㉢ 다다는 생각의 힘이 세다.

이 추론에서 ㉠과 ㉡은 힘을 모아 ㉢을 그럴듯하게 뒷받침한다.

추론에서 전제나 결론이 드러나지 않을 때가 있다. 숨은 전제와 숨은 결론을 드러낸다면 우리는 추론을 더 잘 이해할 수 있다. 만일 토미가 "㉠ 고래는 물고기다. 따라서 ㉡ 고래는 배꼽이 없다"고 추론한다면 그는 "㉄ 모든 물고기는 배꼽이 없다" 또는 "㉅ 대부분의 물고기는 배꼽이 없다"를 가정했을 테다. 이 경우 그의 추론은 왼쪽 또는 오른쪽으로 그릴 수 있다.

087 논증 그림

몇몇 학자는 추론과 논증을 구별한다. 그에 따르면 추론은 주어진 전제들로부터 그에 맞는 결론을 이끌어내는 일이고, 논증은 참이기를 바라는 결론을 뒷받침하는 전제들을 찾아 그 전제들로부터 결론을 밝혀 보이는 일이다. 이 경우 하나의 논증을 만들려면 여러 단계의 추론을 거쳐야 한다. 이 점에서 논증은 여러 추론으로 이뤄진 추론 묶음이다. 이제 논증에 담긴 추론들의 그림을 모두 모은 것을 "논증 그림"이라 하겠다.

보기로 다음 논증의 '논증 그림'을 그리려 한다.

㉠ 지구에서 유전자가 자연 발생할 가능성은 $1/10^{100}$보다 작다. ㉡ 지구 외부 우주에서 유전자가 자연 발생할 가능성은 $1/10^{50}$보다 크다. ㉢ 유전자가 자연 발생하지 않았다면 생명체도 자연 발생하지 않았다. 그런데 ㉣ 생명체가 자연 발생하였다는 것이 밝혀졌다. 이를 보아 ㉤ 유전자는 자연 발생하였다. ㉥ 지구에서 유전자가 자연 발생할 가능성이 지구 외부 우주에서 유전자가 자연 발생할 가능성보다 작고 또한 유전자가 자연 발생하였다면, 유전자가 우주에서 지구로 유입되었을 가능성이 크다. 이를 볼 때 ㉦ 유전자는 우주에서 지구로 유입되었을 가능성이 크다고 판단할 수 있다. 왜냐하면 ㉧ 지구에서 유전자가 자연 발생할 가능성은 지구 외부 우주에서 유전자가 자연 발생할 가능성보다 훨씬 작다는 것이 참이기 때문이다.

이 논증은 여러 추론으로 이뤄졌다. 가장 먼저 이 논증의 결론을 찾아야 한다. 그것은 ㉦이다. 이 결론을 뒷받침하는 것은 ㉧과 ㉤ 및 ㉥이다. ㉧과 ㉤을 이고 이어 이고문장을 만든 뒤 이것으로 ㉥에서 이면 없애 ㉦을 얻는다. 다음 ㉠과 ㉡은 ㉧을 뒷받침한다. 남은 ㉢과 ㉣은 ㉤을 뒷받침한다. 이를 그림으로 그리면 오른쪽과 같다.

```
㉠+㉡      ㉢+㉣
  ㉧ + ㉥ + ㉤
       ㉦
```

088 논증의 분석

논증이 어떤 추론들로 이뤄졌으며 각 추론의 전제와 결론이 무엇인지를 또렷이 드러내는 일을 "논증의 분석"이라 한다. 다음 논증을 분석하겠다.

㉠ 진리 다원주의에 의하면 사회 규약과 수학이라는 서로 다른 영역에 속하는 두 가지 진리 표현은 서로 다른 진리를 나타낸다. ㉡ 진리 표현은 명제가 속한 영역에 따라서 다른 진리를 나타낸다는 주장은 진리가 실질 속성일 때에만 성립하는데 여기서 "실질 속성"이란 세계와 직접 관계 맺는 속성을 말한다. ㉢ 만약 진리가 실질 속성이 아니라면 영역의 차이에 따라 진리를 구별하는 것은 무의미하기 때문이다. 결국 ㉣ 진리 다원주의에 따르면 진리는 실실 속성이나. 한편 ㉤ 언어 사용을 통해 어떤 속성의 모든 것을 알 수 있다면 그것은 실질 속성이 아니다. ㉥ 진리 최소주의에 따르면 우리는 언어 사용을 통해 진리에 관한 모든 것을 알 수 있다. 결국 ㉦ 만약 진리 최소주의가 옳다면 진리는 실질 속성이 아니다. 따라서 ㉧ 진리 다원주의에 따르면 진리는 실질 속성이지만 진리 최소주의에 따르면 진리는 실질 속성이 아니다.

이 논증의 결론은 문장 ㉧다. 이 논증은 크게 두 부분으로 나눌 수 있다. 한 부분은 ㉣을 추론하는 부분이고 다른 부분은 ㉦을 추론하는 부분이다.

문장 ㉢은 문장 ㉡을 뒷받침한다. ㉡의 "하는데" 앞부분을 달리 써 "진리 표현이 명제가 속한 영역에 따라서 다른 진리를 나타낸다면 진리는 실질 속성이다"를 얻는다. 문장 ㉠과 진리 다원주의에 따르면 진리 표현은 명제가 속한 영역에 따라서 다른 진리를 나타낸다. 결국 ㉠과 ㉡으로부터 ㉣을 얻을 수 있다. 그다음 문장 ㉤과 문장 ㉥ 및 진리 최소주의에 따르면 진리는 실질 속성이 아니다. 이렇게 ㉤과 ㉥으로부터 문장 ㉦이 따라 나온다. ㉣과 ㉦에 이고 넣어 마지막 결론 ㉧을 얻는다. 한편 ㉠과 ㉡과 ㉤으로부터 진리 다원주의가 진리 최소주의의 주장 ㉥에 반대함을 알 수 있다.

089 논증의 평가

논증이 담긴 글을 "논증문" 또는 "논술문"이라 한다. 논증이나 논증문의 결론을 "논지"라 하고 그 전제들을 "논거"라 한다. 논지는 '논증의 요지'를 뜻하며 논거는 '논증의 근거'를 뜻한다. 글에 논증이 담기지 않았더라도 글의 요지가 있을 수 있는데 이를 그냥 "요지" "주제문" "중심내용" "핵심내용"으로 부를 수 있겠지만 이를 "논지"라고 불러서는 안 된다. 아무 논증도 담기지 않은 글에서는 논지를 찾을 수 없고 논거를 찾을 수도 없다. 논증을 분석한 뒤 그다음 우리는 그 논증이 좋은지 나쁜지를 평가한다. 논증의 평가를 다른 말로 "비판" 또는 "따지기"라 한다. 반드시 추론과 아마도 추론은 그 목표가 다르기에 그 평가 방식도 다르다. 논증을 분석할 때 그것을 이루는 각 추론의 전제와 결론뿐만 아니라 각 추론이 반드시 추론인지 아마도 추론인지도 잘 가려야 한다.

논증 평가의 기준은 크게 두 가지다. 물론 이들 기준이 요구하는 수준은 반드시 추론과 아마도 추론에서 각기 다르다. 첫째 기준은 전제들과 결론 사이 관계다. 반드시 추론은 전제와 결론의 반드시 관계를 요구하며 이를 충족한 추론을 "마땅하다" 또는 "타당하다"고 한다. 이 기준에 따라 반드시 추론을 평가하는 일을 "타당성 평가"라 한다. 아마도 추론은 전제와 결론의 이미도 관계를 요구하며 이를 충족한 추론을 "강하다"고 한다. 이 기준에 따라 아마도 추론을 평가하는 일을 "강도 평가"라 할 수 있다. 둘째 기준은 전제들 자체가 얼마큼 받아들일 만한가다. 반드시 추론의 경우 전제들이 실제로 참일 것을 요구한다. 첫째 기준과 둘째 기준을 모두 충족한 추론을 "튼튼하다" 또는 "건전하다"고 한다. 둘째 기준에 따라 반드시 추론을 평가하는 일을 "건전성 평가"라 한다. 아마도 추론은 전제들이 믿음직할 것을 요구하며 첫째 기준과 둘째 기준을 모두 충족한 추론을 "힘 있다" 또는 "설득력 있다"고 한다. 둘째 기준에 따라 아마도 추론을 평가하는 일을 "설득력 평가"라 할 수 있다. 간혹 아마도 추론의 평가에서도 용어 "타당성 평가"나 "건전성 평가"를 쓸 때가 있는데 이는 용어를 조금 헷갈리게 쓰는 사례다.

090 강화와 약화

'반박'은 다른 이의 논지를 반대하는 일이다. 우리는 때때로 반대 논거를 제시하지 않은 채 반박하곤 한다. '논박'은 다른 이의 논지가 받아들이기 어렵다는 것을 별도의 논증을 써서 밝혀 보이는 일이다. '반론'은 굳이 논박까지는 아니더라도 근거를 갖춘 채 상대방 논지에 반대하는 일이다. 한편 '논증 약화', '논지 약화', '약화'는 다른 이의 논지를 덜 그럴듯하게 만드는 일이다. 이와 반대로 '논증 강화', '논지 강화', '강화'는 다른 이의 논지 또는 자신의 논지를 더욱 그럴듯하게 만드는 일이다. 논증이 튼튼한 추론만으로 이뤄졌다면 우리는 그 논증을 더 강화할 수 없다. 또한 그런 논증은 논박할 수도 반론할 수도 없다. 튼튼하지 않더라도 마땅한 논증은 다만 논거의 미덥지 못함을 드러냄으로써 논증을 약화·반론·반박할 수 있다. 반대로 논거의 믿음직함을 높이거나 새로운 논거를 덧붙임으로써 그 논증을 강화할 수 있다. 못마땅한 추론이 담긴 논증은 추론 과정을 보완함으로써 논증을 강화할 수 있다. 논지 강화나 약화가 적용되는 논증은 대체로 '아마도 추론'을 품은 논증이다. 단순 일반화, 통계 일반화, 통계 삼단논법, 유비추론, 인과추론, 가설연역, 가설추론 등은 제각각 논지를 강화하는 법과 약화하는 법을 갖는다.

    논지를 강화하는 길은 대략 다음과 같다. 첫째, 논지를 뒷받침하는 새로운 논거를 덧붙인다. 둘째, 주어진 논거들과 논지에 다리를 놓아 논거들이 더 강하게 논지를 뒷받침하게 한다. 셋째, 기존 논거를 더욱 그럴듯하게 만드는 논거의 근거를 제시한다. 반론 및 약화하는 길은 대략 다음과 같다. 첫째, 논거들이 논지를 그다지 뒷받침하지 못한다는 것을 보인다. 둘째, 논거들이 미덥지 못하다는 것을 보인다. 셋째, 받아들이기 어려운 가정을 논증이 몰래 감추고 있음을 보인다. 넷째, 논지가 거의 틀렸음을 보여주는 명백한 사례 곧 반례를 보여준다. 강화나 약화를 잘하려면 논지, 논거, 논거의 논거, 논거들과 논지의 추론 관계를 잘 분석해야 한다. 논쟁할 때 자신의 논지를 무작정 우기거나 상대방의 논거가 무엇인지도 파악하지 않은 채 그의 논지부터 공격하려 드는 것은 바람직하지 않다.

091 결론 빌리기

다음 다섯 조건은 좋은 논증이 갖춰야 할 조건이다.

- 논증의 기본 골격을 갖추어야 한다.
- 논거들은 논지와 관련이 있어야 한다.
- 논거들은 논지를 잘 뒷받침해야 한다.
- 논거들은 받아들일 만해야 한다.
- 예상되는 반론에 잘 견딜 수 있어야 한다.

이들 다섯 조건 가운데 하나를 갖추지 못할 때 그다지 좋은 논증이 못 된다. 이런 논증을 나쁘게 말해 "오류"라 하고 좋게 말해 "레토릭" 또는 "수사"라 한다. 오류는 그릇된 믿음이 아니라 그릇된 추론 또는 그릇된 논증이다.

첫째 조건은 조금 어렵게 들린다. 논증의 기본 골격이란 논증이 적어도 하나의 논거를 갖고, 추론 규칙을 일부러 어기지 않고, 논거들이 서로 일관되고, 논지와 모순되는 논거가 없고, 논지를 논거에서 미리 가정하지 않는 것 따위를 말한다. 증명하려는 논지를 이미 논거들 가운데 하나로 사용하는 논증은 좋은 논증이 아니다. 이를 "미결 문제의 오류" 또는 "결론을 빌리는 오류"라 한다. 결론을 빌리는 오류에는 여러 가지가 있는데 가장 흔한 것은 순환논증의 오류다. "나는 진실만을 이야기한다. 왜냐하면 진실만을 이야기한다는 내 이야기는 진실이기 때문이다"는 이 오류의 보기다. 이 논증은 논지를 이미 옳은 것으로 간주해야만 논지를 이끌어낼 수 있다. 논지를 이미 가정하는 정의를 도입함으로써 바라는 논지를 이끌어내는 것을 "순환정의의 오류"라 한다. "낙태는 살인이다. 왜냐하면 낙태란 어머니 뱃속의 아이를 죽이는 일이기 때문이다"는 이 오류를 저질렀다. 한편 논지의 옳음을 가정하는 표현을 논거에 사용함으로써 논지를 이끌어내는 것을 "순환표현의 오류"라 한다. "하느님이 있다는 내 친구의 믿음은 틀렸다. 왜냐하면 과학기술 시대에 그러한 믿음을 갖는 일은 멍청한 일이기 때문이다"는 이 오류의 보기다. "멍청한 일"은 논지의 옳음을 이미 가정하는 표현이다.

092 무관한 논거

좋은 논증은 논거들이 논지와 관련이 있어야 하는데 이를 어겼을 때 "무관련성의 오류"를 저질렀다고 한다. 무관련성의 오류에는 크게 논리 아닌 것에 하소연하는 오류, 논증을 펼치는 사람이나 논증을 듣는 사람에게 얽매이는 오류, 부주의로 논점을 벗어나거나 논점을 일부러 흐트러뜨리는 오류가 있다. 우리 논지를 뒷받침할 만한 논거가 없을 때 논거 대신에 동정심, 겁박, 군중심리 같은 것에 하소연하곤 한다. 논증에 이러한 하소연이 있을 때 "하소연의 오류" 또는 "호소의 오류"라 한다. 가장 많이 저지르는 오류는 연민이나 동정심에 하소연하는 것이다. 그밖에 폭력, 두려움, 위협, 전통, 부적절한 권위자, 유행, 대중정서, 군중심리에 호소하는 오류들이 있다.

 우리는 결혼반지, 마스카라, 코르셋, 하이힐 등의 기원이나 유래를 따져 그것의 착용을 비난하기도 한다. 어떤 것을 예전의 관점에서 평가한 다음 이 평가를 현재에 그대로 가져오는 것을 "발생의 오류"라 한다. "찰스 라이엘의 동일과정설은 원래 자신의 기독교 신념을 지키려고 제안되었다. 따라서 철저한 자연주의 과학자로서 나는 찰스 라이엘의 동일과정설을 거부한다"는 이 오류를 저질렀다. 우리는 자기 견해를 방어하거나 다른 사람의 견해를 공격할 때 원래 논점을 바꾸거나 상대편의 집중력을 흐리게 하는 기법을 쓴다. 이 가운데 '허수아비 공격의 오류'는 상대방의 견해를 공격받기 쉬운 견해로 몰래 바꾼 다음 후자를 공격하는 오류다.

 다른 사람의 논지를 논리를 갖고 반박하는 대신에 그 사람을 드러내 놓고 비난하는 것을 "인신공격의 오류"라 한다. 자신의 소망이나 상황에 호소하여 주장을 펼치는 여러 가지 오류가 있다. 그 가운데 주장하는 사람이 특별한 상황이나 이해관계에 있다는 점을 빌미로 그 주장을 수용하거나 거부하는 논증을 "개인 정황의 오류"라 한다. 한편 "자본주의는 이제 생명을 다했다. 이 주장을 거부하는 이들은 자본주의에 흠뻑 젖은 소시민일 뿐이다"처럼 처음부터 자기주장의 가능한 모든 반론을 막아버리는 오류를 "원천 봉쇄의 오류" 또는 "우물에 독 타기"라 한다.

093 불충분한 논거

좋은 논증은 논거들이 논지를 잘 뒷받침해야 하는데 그렇지 못할 때가 많다. "낮에 유선전화로 여론 조사했는데 응답자 1000명 가운데 500명이 뚜렷한 직업이 없다고 답했다. 따라서 국민의 대략 50%는 뚜렷한 직업이 없다"는 편향된 통계 자료가 논증의 논거로 쓰였다. 표본으로 잡힌 사람들은 낮에 유선전화로 응답하는 이들인데 이들은 대부분 낮에 집에 머무는 사람들이다. 모집단을 대표하지 못하는 표본을 조사한 것을 바탕으로 모집단의 특성을 추론했기에 이를 "편향 통계의 오류" 또는 "편향 자료의 오류"라 한다. 이 오류와 비슷한 것으로 성급한 일반화의 오류가 있는데 이는 너무 적은 사례나 몇 가지 예외 사례로부터 일반화된 결론에 이르는 것을 말한다. 논거가 논지를 잘 뒷받침하지 못하는 논증의 사례에는 다음과 같은 것도 있다. "유전자변형식품을 장기간 섭취하는 것이 사람에게 해롭다는 증거는 발견되지 않았다. 따라서 유전자변형식품을 장기간 섭취해도 별 탈이 없을 것이다." 이 논증을 간단히 "X가 참이라는 증거를 아직 찾지 못했다. 따라서 아마도 X는 거짓이다" 꼴을 갖는데 이를 "무지의 오류"라 한다.

      우리는 주어진 현상들로부터 그 현상의 원인을 추론할 때 여러 가지 오류를 저지른다. 한 환자가 우울증에 시달려 병원에 왔다. 의사는 환자에게 세로토닌이 너무 많이 분비되는 것을 알았다. 그는 환자의 우울증이 세로토닌의 과다분비 때문에 발생했다고 결론 내렸다. 하지만 세로토닌의 과다분비 때문에 우울증이 생긴 것이 아니라 우울증 때문에 몸이 우울증을 완화하려고 세로토닌을 분비했을 수 있다. 이처럼 사건의 원인을 결과라고 잘못 생각하거나 사건의 결과를 원인이라고 잘못 생각하는 오류를 "인과혼동의 오류"라 한다. 매우 드물게 일어나는 두 사건이 짧은 시간 차이로 발생했을 때 우리는 곧장 두 사건이 인과관계를 맺는다고 믿는데 이를 "선후인과의 오류"라 한다. 한 공통의 원인이 두 결과를 낳을 때 우리는 두 결과가 늘 연결되어 일어난다는 까닭에서 둘 사이에 인과관계가 있다고 잘못 믿는다. 이 같은 오류를 "공통원인을 무시하는 오류"라 한다.

094 미덥지 못한 가정

미덥지 못한 주장을 몰래 가정하는 논증은 좋지 않다. 이런 논증은 '못미더운 숨은 가정의 오류' 또는 '숨은 가정의 오류'를 저질렀다. 부분에 맞는 것이 전체에도 맞을 것이라고 가정함으로써 잘못된 결론을 내릴 때 '합성의 오류'를 저지른다. 반면 분할의 오류는 전체에 맞는 것이 부분에도 맞을 것이라고 가정함으로써 잘못된 결론을 내리는 오류다. '그릇된 유비의 오류'는 두 사물이 한두 군데 비슷하면 둘이 얼추 비슷하다고 가정함으로써 잘못된 결론을 내리는 오류다. 새로운 것이 무조건 가장 좋다고 가정함으로써 잘못된 결론을 내릴 때 '새로운 것의 오류'를 저지른다.

두 극단 사이에 있는 중간 견해가 두 극단보다 더 옳다는 가정을 바탕으로 잘못된 결론을 내릴 때 우리는 '중간의 오류'를 저지른다. 이 오류를 "중용의 오류"나 "중도의 오류"로 달리 부른다. "대통령의 국정 지지율은 요즘 10%대 초반으로 떨어졌다. 따라서 국민의 90% 가까이가 대통령의 나라 운영 방식에 진저리를 치는 셈이다"는 "국민은 대통령을 지지하거나 진저리를 친다"를 몰래 가정한다. 이 논증은 선택지를 조금만 제시하면서 제시된 선택지들 가운데 하나가 옳다는 식으로 잘못 추론했다. 이를 "흑백논리의 오류", "양극사고의 오류", "거짓 이분법의 오류"라 한다.

우리는 자기 견해를 정당화하려고 애매모호한 논거를 사용하곤 한다. 흐릿하거나 헷갈리는 표현이 담긴 논거는 그 자체로 미덥지 못하다. 뜻이 헷갈리는 표현을 한 논증 안에 거듭 사용할 때 "애매어의 오류"를 저질렀다고 한다. "나는 부정행위를 하지 않았다. 친구가 답안을 잘 쓰는지 잠시 지켜보았을 뿐이다"는 이른바 "차이 없는 구별의 오류"를 저질렀다. 우리는 "오늘은 민주가 예쁘다"에서 "오늘은"을 너무 강조하여 "다른 날은 민주가 예쁘지 않았다"고 결론 내리곤 한다. 이것은 특정 표현을 부적절하게 강조한 뒤 그와 대비되는 주장을 펼쳤는데 이를 "부당한 대비의 오류"라 한다. 명확히 수치화될 수 없는 것을 수치화한 뒤 그 수치를 바탕으로 결론 내릴 때 '정확한 체하는 오류'를 저지른다.

095 믿음직함

만일 누군가 명제 X를 안다면 명제 X는 참이고 그가 명제 "X는 거짓이다"를 안다면 명제 X는 거짓이다. 하지만 우리는 완전한 앎을 갖지 못했으며 다만 믿음직한 믿음들을 가질 뿐이다. 이 때문에 우리는 매우 미더운 명제, 덜 미더운 명제, 거의 미덥지 못한 명제를 잘 가려야 한다. 이를 가늠하는 척도를 "확률" 또는 "믿음직함"이라 한다. 자연과학자는 "사건의 확률"이라는 표현을 즐겨 쓰지만 명제를 믿는 이가 이성에 따라 가늠하는 것은 '명제의 믿음직함'이다. 거짓임이 드러난 명제에 가장 낮은 믿음직함을 주고 참임이 드러난 명제에 가장 높은 믿음직함을 준다. 하지만 가장 작은 값과 가장 큰 값을 무엇으로 할지는 순전히 우리의 약속이다. 가장 작은 값을 0으로 잡고 가장 큰 값을 1로 잡는 것이 거의 굳어진 약속이다.

믿음직함이 따라야 할 공리들 곧 "공리 C"를 다음과 같이 세울 수 있다. 아래에서 "양립할 수 없다"는 "함께 참일 수 없다"를 뜻한다.

- C01: 명제의 믿음직함은 0과 1 사이 값이다.
- C02: 이미 알려진 명제의 믿음직함은 1이다.
- C03: 두 명제가 뜻이 같다면 두 명제의 믿음직함은 같다.
- C04: 두 명제 X와 Y가 양립할 수 없다면 'X이거나 Y'의 믿음직함은 X의 믿음직함과 Y의 믿음직함을 더한 값과 같다.

몇몇 학자들은 이들 공리를 "콜모고로프 공리"라 한다. 명제 X의 믿음직함을 짧게 C(X)라 쓰겠다. 다른 곳이나 다른 이들은 P(X)나 Pr(X)를 쓴다. 이들 공리를 써서 몇 가지 정리를 이끌어낼 수 있다. 믿음직함의 첫째 정리는 "C(X는 거짓이다) = 1 − C(X)"다. 공리들과 첫째 정리를 써서 "거짓이라는 것이 알려진 명제의 믿음직함은 0이다"라는 둘째 정리를 얻는다. 두 개의 정리를 더 이끌어낼 수 있다. "명제 X로부터 명제 Y가 따라 나온다는 것을 안다면 C(Y)는 C(X)보다 크거나 같다"는 셋째 정리다. "C(X이거나 Y) = C(X) + C(Y) − C(X이고 Y)"는 넷째 정리다.

096 베이즈 공리

다른 것은 아직 모른 채 명제 Y만 새로 알게 되었을 때 명제 X의 믿음직함은 달라질 수 있다. '다른 것은 아직 모른 채 명제 Y만 새로 알게 되었을 때 명제 X의 믿음직함'을 $C(X|Y)$라 쓴다. 이를 "조건부 확률" 또는 "조건부 믿음직함"이라 한다. 토머스 베이즈는 이 믿음직함이 $C(X이고 Y)/C(Y)$와 같다고 주장했다. 이 주장을 증명할 수 없기에 이를 "베이즈 공리"라고 부르겠다.

C05. $C(X|Y) = C(X이고 Y)/C(Y)$

이로부터 $C(X이고 Y) = C(X|Y)C(Y) = C(Y|X)C(X)$가 곧 바로 따라 나온다. 베이즈 공리를 써서 다음과 같은 정리도 이끌어낼 수 있다.

명제 'A이고 B'는 거짓이고 'A이거나 B'는 참임을 안다면
$C(X) = C(X|A)C(A) + C(X|B)C(B)$

"평강은 온달을 사랑했다"를 믿는 것은 "세종은 언어학자다"를 믿는 데 아무 거리낌이 되지 않는다. 이와 같은 두 문장을 "독립이다" 또는 "따로이다"라 한다. 조건부 믿음직함을 써서 "독립이다"를 정의할 수 있다.

정의: "문장 X는 Y와 독립이다"는 "$C(X) = C(X|Y)$"를 뜻한다.

이 정의와 믿음직함의 공리 C들로부터 새로운 정리들이 따라 나온다. 보기를 들어 문장 X가 문장 Y와 독립이면 X는 'Y는 거짓이다'와도 독립이다. 만일 '$C(X|Y) = C(X|Y는 거짓이다)$'이면 X는 Y와 독립이다.

베이즈 공리는 '아마도 추론'을 가능하는 좋은 도구인데 주어진 정보가 가설을 얼마큼 입증하는지를 숫자로 가늠할 수 있다. 정보 E를 얻기 전에 가설 H의 믿음직함은 $C(H)$지만 우리가 새로운 정보 E를 알게 된 다음에 가설 H의 믿음직함은 $C(H|E) = C(H이고 E)/C(E)$다. 여기서 $C(E)$는 정보 E를 얻기 전에 이 정보가 참이리라는 믿음직함이다. 만일 $C(H|E) > C(H)$이면 E는 H를 입증한다. 만일 $C(H|E) < C(H)$이면 E는 H를 반입증한다.

097 거짓 양성

우리는 확률 또는 믿음직함을 자주 잘못 셈한다. 라이프니츠는 주사위를 두 개 던졌을 때 두 주사위 눈의 합이 11이 될 믿음직함과 12가 될 믿음직함이 같다고 여겼다. 하지만 두 주사위 눈의 합이 11이 될 믿음직함은 1/18이지만 그 합이 12가 될 믿음직함은 1/36이다. 몬티 홀 물음에서도 유명한 수학자와 통계학자도 믿음직함을 잘못 셈했다. 내 생각에 대부분 철학자, 물리학자, 수학자는 두 딸 수수께끼에서 믿음직함을 잘못 셈한다. 수사관, 법관, 의사, 학자들이 자주 저지르는 잘못 하나를 이야기하겠다.

자유시의 시민 1천 명 가운데 1명이 VIH 바이러스에 감염되었다. 보건당국은 모든 시민에게 VIH 바이러스 감염 여부 또는 보균 여부를 검사하려는 계획을 세웠다. 현재 검사 방법은 보균자의 경우 90% 신뢰성을 갖고 미보균자의 경우 99% 신뢰성을 갖는다. 곧 VIH 바이러스에 감염된 사람을 검사하면 10명 가운데 9명은 검사에서 양성이 나오고 나머지 1명만 음성이 나온다. 반면 미보균자를 검사하면 100명 가운데 1명은 검사에서 양성이 나오고 나머지는 음성이 나온다. 자유시 시민 차차는 보건당국의 검사 결과 양성이 나왔다. 우리는 차차가 VIH 바이러스에 감염되었으리라 얼마큼 믿을 수 있는가? 그것은 0.9일까 0.99일까 아니면 0.95일까?

자유시 시민 10만 명 가운데 VIH 바이러스 보균자는 100명이고 미보균자는 99,900명이다. 보균자 100명 가운데 당국 검사 결과 90명은 양성으로 나오고 10명은 음성으로 나온다. 미보균자 99,900명 가운데 당국 검사 결과 999명은 양성으로 나오고 나머지는 음성으로 나온다. 자유시 시민 10만 명 가운데 양성으로 나오는 사람은 모두 1,089명이다. 이 가운데 정말로 VIH 바이러스를 가진 이는 90명뿐이다. 따라서 자유시 시민 한 사람 곧 차차가 당국의 검사 결과 양성으로 나왔다면 그가 VIH 바이러스 보균자이리라는 믿음직함은 90/1089이다. 이는 약 0.083 곧 약 8.3%밖에 되지 않는다. 하지만 차차가 재검사 결과 다시 양성으로 나왔다면 89%로 높아진다. 이 셈은 베이즈 공리를 써서 셈했는데 계산 가정은 생략한다.

098 인과

사람들은 "폐암은 흡연의 결과다" 같은 것을 믿는다. 원인과 결과로서 서로 관계를 맺는 것은 무엇인가? 물건들, 사건들, 사실들, 명제들이 그 후보인데 이 가운데 알맞은 것은 사건이다. 물건과 사건을 모아 "사물"이라 한다. 사물들이 모여 세계를 이룬다. '사실'이나 '사태'도 세계를 이룬다고 믿는 이들이 있는데 '사실'은 '명제'와 거의 같다. "X는 사실이다"는 "X는 참이다"와 뜻이 같다. 물건과 사건의 차이를 말하는 일은 매우 어렵다. 물건은 공간과 시간을 차지하고 사건은 공간과 시간에 일어난다. 우리는 개별 사건과 사건 유형을 구별해야 한다. '뉴턴의 폐암'은 개별 사건이지만 '폐암'은 사건 유형이다. 개별 원인 사건과 유형 원인 사건을 각각 c와 C라 쓰고, 개별 결과 사건과 유형 결과 사건을 각각 e와 E라 쓰겠다. 개별 사건은 특정 시간 t와 특정 공간 x에 일어난 유형 사건의 한 사례이다. "사건 유형 C의 한 사례가 시간 t와 공간 x에 일어난다"를 짧게 "$\langle C, t, x \rangle$가 일어난다"로 쓸 수 있겠다. 보통 한 사건은 다른 시간과 다른 공간에서 일어난 여러 단순 사건들의 복합물이기에 시간 t와 공간 x는 구간이거나 좌표들의 복합이다.

"c는 e의 원인이다"의 뜻으로 여태 제안된 것은 여러 가지다.

- "c는 e의 원인이다"는 "만일 $\langle C, t, x \rangle$가 일어난다면 $\langle E, t+a, x \pm b \rangle$가 일어난다"를 뜻한다.
- "c는 e의 원인이다"는 "만일 $\langle C, t, x \rangle$가 일어날 때 오직 그때만 $\langle E, t+a, x \pm b \rangle$가 일어난다"를 뜻한다.
- "c는 e의 원인이다"는 "만일 $\langle C, t, x \rangle$가 일어나지 않았더라면 $\langle E, t+a, x \pm b \rangle$가 일어나지 않았을 테다"를 뜻한다.
- "c는 e의 원인이다"는 "$C(\langle E, t+a, x \pm b \rangle$가 일어난다)보다 $C(\langle E, t+a, x \pm b \rangle$가 일어난다$|\langle C, t, x \rangle$가 일어난다)가 더 크다.

여기서 a와 b는 아주 작은 양의 실수다. 잇따라 일어난 나중 사건도 결과로 여길 수 있다면 a와 b는 충분히 큰 양수일 수도 있다.

099 행위이론

행위자는 좋은 행위를 하려고 자신이 정확히 예측할 수 없고 통제할 수도 없는 상황들 속에서 자기 행위가 빚어낼 여러 결과를 견주어 본다. 그는 믿음과 바람을 바탕으로 그 행위 결과들을 견주어 좋은 행위를 고른다.

- 믿음직함: 나는 무슨 일이 벌어지리라 믿는가? ⎫
- 바람직함: 나는 무슨 일이 벌어지길 바라는가? ⎬ 마음먹음: 가장 좋은 행위를 고름

여기서 "믿음직함"을 다른 말로 "신념도" "개연도" "확률"이라 하고 "바람직함"을 다른 말로 "소망도" "효용"이라 한다. 믿음직함과 바람직함은 행위자 자신이 가늠한 값이기에 이 값은 행위자마다 다를 수 있다.

　　　　행위자는 행위 A와 행위 B 가운데 하나를 고르려 하는데 자기 행위의 상황이 X인지 Y인지 알지 못한다. 그는 행위 A를 한다면 상황 X에서 결과 ㄱ이 빚어지고 상황 Y에서 결과 ㄴ이 빚어진다고 생각한다. 그는 자신이 행위 B를 한다면 상황 X에서 결과 ㄷ이 빚어지고 상황 Y에서 결과 ㄹ이 빚어진다고 생각한다. 두 행위의 결과들은 다음 모눈으로 간추릴 수 있다.

선택할 행위 \ 관련 상황	X	Y
A	ㄱ	ㄴ
B	ㄷ	ㄹ

그는 먼저 행위 결과들의 믿음직함과 바람직함을 가늠한다.

행위 결과의 믿음직함	
ㄱ. a	ㄴ. b
ㄷ. c	ㄹ. d

행위 결과의 바람직함	
ㄱ. e	ㄴ. f
ㄷ. g	ㄹ. h

행위 A의 좋음은 $ae+bf$로 계산되고 행위 B의 좋음은 $cg+dh$로 계산된다. 둘 가운데 큰 값이 더 좋은 행위다. "더 좋은 행위를 해야 한다"는 원칙을 "베이즈 원칙"이라 한다. 행위자는 행위 A가 좋은지 행위 B가 좋은지 따져 본 뒤 베이즈 원칙에 따라 더 좋은 행위를 하기로 마음먹는다.

100 사회이론

행위이론은 행위자에게 믿음과 바람을 준 뒤 그의 믿음과 바람이 그 행위를 일으켰다는 식으로 행위를 설명한다. 다른 믿음과 다른 바람을 갖는 여러 행위자가 서로 겨루거나 서로 도울 때 이른바 '사회 현상'이 생긴다. 믿음과 바람을 갖는 행위자들은 자신들이 받을 삯을 바탕으로 무슨 행위를 하는 것이 나은지 꾀를 쓴다. 도움과 겨룸, 협력과 경쟁의 사회 현상을 설명하는 논리를 "게임이론", "전략의 논리", "사회이론"이라 한다.

앨과 밥은 테러 용의자로 구치소에 갇혔다. 이들은 자신의 범행을 털어놓는 것이 좋은지 털어놓지 않은 것이 좋은지 꾀를 쓴다. 행위에 따라 그들이 받을 삯 또는 보수는 다음 모눈으로 그릴 수 있다. 괄호 안의 첫째 값은 앨의 삯이고 둘째 값은 밥의 삯이다.

		밥	
		털어놓는다.	털어놓지 않는다.
앨	털어놓는다.	(5년 징역, 5년 징역)	(풀려남, 20년 징역)
	털어놓지 않는다.	(20년 징역, 풀려남)	(1년 구속, 1년 구속)

앨과 밥은 따로 떨어져 있는데 각자 어떻게 하는 것이 나을지 머리를 쓴다. 앨은 이렇게 추론한다. "밥은 털어놓거나 털어놓지 않는다. 만일 밥이 털어놓는다면 털어놓는 것이 나에게 더 낫다. 만일 밥이 털어놓지 않는다면 털어놓는 것이 나에게 더 낫다. 따라서 이러나저러나 털어놓는 것이 나에게 더 낫다." 이 추론에 따르면 앨에게 털어놓는 것이 가장 낫다. 마찬가지로 밥에게도 털어놓는 것이 가장 낫다. 각자에게 가장 나은 행위가 있다면 그들은 그 행위와 삯에 이르게 되는데 이를 "우월전략 해"라 한다.

사회의 행위자들이 자신들이 어떤 행위를 고를지 이야기하고 서로를 도와 이르게 되는 행위의 짝과 삯을 "협조 해"라 한다. 비협조 해는 그들이 서로 이야기 나누지 못하고 서로를 도울 수 없을 때 이르게 되는 행위의 짝과 삯이다. 협조 해보다 나쁜 우월전략 해를 갖는 게임을 "사회 딜레마"라 한다. 서로 대화할 수 없었던 앨과 밥은 사회 딜레마에 빠지게 된다.

글쓴이 김명석은

물리학과 수학과 철학을 공부했습니다. 철학박사를 받은 다음 경북대 기초과학연구소 연구초빙교수, 대통령 직속 중앙인사위원회 PSAT 전문관, 국민대학교 교수로 연구하고 일하고 가르쳤습니다. 현재 학아재 대표연구원이며 이화여자대학교연구교수입니다. 여태 쓴 논문으로는 「심적 차이는 역사적 차이」, 「인식론에서 타자의 중요성」, "Ontological Interpretation with Contextualism of Accidentals", 「자연의 원리: 측정과 자연현상」 따위가 있습니다. 「존재에서 사유까지: 타자, 광장, 신체, 역사」로 2003년 만포학술상을 받았고, 「나, 지금, 여기의 믿음직함」으로 2018년 한국과학철학회 논문상을 받았습니다. 쓴 책으로는 『우리 말길』, 『두뇌보완계획 100』, 『두뇌보완계획 200』, 『과학 방법』, 『논리 논리 하양』, 『두뇌보완계획 S: 논리 퍼즐』, 『예수 텍스트』 따위가 있습니다. 후기분석철학의 인식론과 언어철학, 언어와 사고의 기원, 의미의 형이상학, 뜻 믿음 바람 행위의 종합이론, 학문의 우리말 토착화, 양자역학의 존재론 해석, 측정과 물리 현상, 해석과 마음 현상, 믿음의 철학 따위를 주로 공부합니다. myeongseok@gmail.com

이 책은 학아재를

키우는 데 이바지합니다. 학아재는 배우고자 하는 사람들이 연구하면서 일하는 대안회사며, 대안대학원이며, 대안연구소입니다. 학아재는 슬기로움을 사랑하는 이들을 위한 카페며, 서점이며, 스튜디오며, 독서실이며, 도서관이며, 서당이며, 서원이며, 교회입니다. 이 책을 읽고 널리 퍼뜨리는 일은 학아재를 키우는 밑거름입니다. http://ithink.kr